“十四五”经济管理学术文库系列

基于供应商动员的绿色产品协同创新效能提升路径与对策研究

JIYU GONGYINGSHANG DONGYUAN DE LÜSE CHANPIN XIETONG CHUANGXIN XIAONENG TISHENG LUJING YU DUICE YANJIU

李 勃 著

西安交通大学出版社
XI'AN JIAOTONG UNIVERSITY PRESS

图书在版编目(CIP)数据

基于供应商动员的绿色产品协同创新效能提升路径与对策研究 / 李勃著. -- 西安 : 西安交通大学出版社，2023.8

ISBN 978 - 7 - 5693 - 3051 - 9

Ⅰ. ①基… Ⅱ. ①李… Ⅲ. ①制造工业—企业升级—研究—中国 Ⅳ. ①F426.4

中国版本图书馆 CIP 数据核字(2022)第 254847 号

书　　名 基于供应商动员的绿色产品协同创新效能提升路径与对策研究
著　　者 李　勃
责任编辑 袁　娟
责任校对 王建洪
封面设计 任加盟

出版发行 西安交通大学出版社
(西安市兴庆南路 1 号　邮政编码 710048)
网　　址 http://www.xjtupress.com
电　　话 (029)82668357　82667874(市场营销中心)
(029)82668315(总编办)
传　　真 (029)82668280
印　　刷 西安五星印刷有限公司

开　　本 700mm×1000mm　1/16　**印张** 11.5　**字数** 228 千字
版次印次 2023 年 8 月第 1 版　2024 年 5 月第 1 次印刷
书　　号 ISBN 978 - 7 - 5693 - 3051 - 9
定　　价 79.80 元

如发现印装质量问题，请与本社市场营销中心联系。
订购热线：(029)82665248　(029)82667874
投稿热线：(029)82665379　微信号：yy296728019
读者信箱：xj_rwjg@126.com

序言

制造业作为我国国民经济的重要基础，仅靠“去产能”实现制造业的“碳减排”目标存在较大局限。加速中国制造业的绿色低碳转型是突破当前困局的必由之路。“十四五”工业绿色发展规划确立了以创新驱动绿色低碳转型的基本原则。与此同时，绿色产品及其相关技术的迭代升级正在加速，新一代的减碳技术和新能源装备已具备高效、低碳和循环的特征。企业作为创新的主体，促使制造企业系统集成各类新型绿色减碳技术并将其转化为绿色产品创新，对加快推进中国制造业的绿色低碳转型意义重大。

理论研究和企业实践表明，整合产业链中供应链上游供应商的技术资源开展绿色协同创新，已成为中国制造企业实现绿色产品创新的重要途径。实地调研发现，我国制造企业尤其是民营制造企业与其竞争对手的供应网络高度重合，许多制造企业由于无法优先获取来自供方的绿色低碳技术资源，以致企业通过供方资源整合实现绿色产品创新目标面临较大障碍。迫切需要探明制造企业通过供应商动员建立供方低碳创新资源获取优势，实现整合供应商资源开展绿色产品协同创新目标的路径与对策。

据此，本书重点从供应商动员的视角，结合社会资本理论、供应链治理理论、社会交换理论和权力-依赖理论以及供应商开发的相关研究，系统阐述了制造企业通过各种供应商动员机制优先获取供应商资源，进而提升绿色产品协同创新效能的路径。在此基础上，本书揭示了供应商参与方式与协同任务契约结构特征对“环境可持续导向与企业绿色产品创新关系”的联合调节作用，探明供应商参与绿色产品创新情境下，“供应商参与模式—治理形式适配”对供应商参与效能的影响，以及供应商关系专用性资源投入在上述关系中的中介作用。基于以上研究成果，本书进一步提出制造企业通过在供应商参与绿色产品协同创新中优先获取供应商资源，进而提升供应商参与绿色产品协同创新效能的管理对策。

本书按照实践“问题发现—理论基础—理论构建—理论检验—对策建议析出”的学术研究思路编排。整体而言，非常适合从事供应链协同创新、企业绿色技术创新研究的学者和硕博士研究生阅读、学习和研究。同时，本书提出的理论模型和对策建议能够为从事制造企业绿色转型战略规划以及战略采购与供应管理工作的从业人员开展相关工作提供理论参考。

本书从理论选题到成稿得到了李随成教授、党兴华教授、刘晨光教授、和征副教授的悉心指导，在此表示衷心的感谢。书稿成稿过程中，本人指导的研究生段晗思、刘思硕、张文纤、朱小影、王园等围绕具体章节的撰写、排版、修订开展了大量认真细致的工作，感谢你们对本书的辛勤付出。

李　勃

2023 年 8 月

目录

第1章

绪论

1.1 研究背景

制造业绿色发展是中国经济转型与生态文明建设的重要支撑，也是中国建设制造强国和做强实体经济的重要战略举措。在此基础上，"中国制造 2025"从国家战略层面明确提出，要在中国构建高效、清洁、低碳、循环的绿色制造体系。强化产品全生命周期绿色管理、加快绿色产品创新是当前中国制造企业绿色制造体系构建过程中的重点和难点。与此同时，随着社会的发展、环保政策法规的进一步完善和人民群众环保意识的增强，市场需求正在发生变化(例如绿色新能源汽车等)，提升制造企业的绿色产品创新效率，确保企业绿色产品创新的成功，除了能够在微观层面支撑中国绿色制造体系建设，还能提高企业自身的市场竞争力[1]。故而，提升中国制造企业绿色产品创新的效率和效力对企业当前和未来的发展具有重要战略意义。

由于绿色产品创新的系统性和复杂性，仅靠制造企业自身很难掌握有关绿色产品的所有知识。与供应商进行合作，可以直接获得各种互补和异质资源[1-4]。更重要的是，供应商的参与能够提升制造企业新产品所需关键零部件的绿色化程度，从而助力绿色新产品真正实现产业化[5]。实践中，制造企业通过与供应商开展协同创新、共同确定产品创新的标准和规范等形式的供应商整合(也称为供应商参与新产品开发)，显著提升了企业的绿色产品创新能力。例如，广东某企业与意大利某集团合作开发了一套能够实现聚合物定点喷涂的非织造设备，使新型训练裤和纸尿裤对高吸水性树脂的使用量大幅下降，不仅压缩了原料成本，而且更加环保。

然而，该模式在实践中仍然存在较大局限，特别是对供应商而言，由于绿色产品创新涉及利益相关者众多，绩效考核和收益形式也更多元，许多供应商出于经济效益的考虑，不愿将有限的知识、人才和研发设备等创新资源用于制造企业的绿色产品协同创新，导致供应商的相关技术资源无法转化为制造企业的绿色产品协同创新的实际贡献[1,6]。为了反映供应商参与绿色产品创新的有效性，将制造企业与供应商协同进行企业间绿色产品协同创新的目标实现程度称为“供应商参与绿色产品创新效能”。制造企业在与供应商的协同创新中，需要采取相关措施，确保供应商专门投入创新资源的充分性、及时性和准确性，以此提升供应商参与绿色产品创新效能。

随着战略供应链管理研究的深入，供应商动员理论开始出现并在近年来逐渐形成体系。该理论指出，优先获取供应商资源体现了企业动员供应商资源的能力和水平，对该企业竞争优势的形成意义重大[7]，但优先获取供应商资源与制造企业绿色产品协同创新效能间的关系还不明晰。此外，供应商会综合自身发展战略和制造企业声誉、能力和权力等多重因素对制造企业划分优先级，并据此对不同制造企业配给资源[8]，但供应商动员理论却未能揭示供应商对制造企业划分优先级的规律以及相关权变关系，从而使制造企业动员供应商资源提升绿色产品协同创新效能的路径仍不明晰。据此，需要重点探讨制造企业通过优先获取供应商资源，进而提升企业绿色产品协同创新效能的路径及相关对策。

1.2 国内外研究现状分析

1.2.1 供应商参与绿色产品创新

随着社会各界对绿色发展达成普遍共识，绿色化成为驱动产品创新的又一关键要素，因而创新管理研究中开始越来越多地出现有关绿色产品创新的研究[9]。一般来说，绿色产品创新是指在产品设计、生产和营销环节中引入绿色理念，尽可能降低新产品在其全生命周期(包括生产、分销、使用和回收/报废等阶段)中的能源消耗，并最大限度减少新产品对人身健康和自然环境负面影响的产品创新实践[10]。目前，有关绿色产品创新驱动因素的研究最为常见[11-13]。还有一些研究，基于不同背景和证据证明了绿色产品创新对组织绩效的积极作用[14-15]。但同时也发现，并非开展绿色产品创新的组织就能实现上述绩效目标，因而需要探讨绿色产品创新的关键成功因素。已有研究发现，管理模式、关系质量、资源与能力、流程开发四个方面与绿色产品创新的成功关系最为密切[10]。

从资源与能力的角度出发，企业绿色产品创新的成功是企业与外部组织协同的结果，协同过程中企业与外部组织实现了绿色技术资源的共享，从而帮助企业从组织外部获取绿色产品创新所需的技术资源[1,12]。供应商作为企业绿色产品创新的主要协同对象之一，不同于高校科研院所和联盟企业等其他外部技术资源的拥有者，市场导向使其把握企业绿色产品创新需求更为准确及时，并且能够在企业的新产品研发与投产衔接中发挥重要作用，同时供应商与产业链下游对接经验丰富，熟悉下游企业的技术工艺和运营管理模式，从而使制造企业在绿色产品创新中吸纳供应商的技术资源表现出低风险和快速成功的特征[16-17]。由于绿色产品创新的复杂特点，为了保证企业绿色产品创新的成功，迫切需要整合供应商的技术资源配合企业开展绿色产品创新[18]，即供应商参与绿色产品创新。

已有研究普遍认为供应商参与绿色产品创新是一种供应链企业间的绿色产品协同创新活动，是制造企业与供应商协同设计绿色产品、共同确定绿色原材料标准和设计规范等，使制造企业能够通过供应商的参与帮助解决其创新过程中知识、技术以及相关资源不足的问题，进而实现绿色产品创新[19-20]。供应商参与绿色产品创新的目标不局限于获取绿色零部件、原材料、生产工艺，还包括通过与供应商协同提升新产品的绿色性能等[21]。企业与供应商协同设计绿色产品、共同确定绿色原料标准和设计规范等，通过供应商的参与，企业能够实现绿色产品创新[20]。已有研究发现通过供应商参与绿色产品协同创新、整合供应商的绿色新技术、吸纳供应商的绿色创新资源，有助于弥补制造企业进入绿色产品领域相关经验和技术上的不足[1]。由于企业与竞争对手核心供应商重叠的情况非常普遍，高度重合的供应商网络使部分供应商的技术资源表现出明显的高价值、稀缺、不可复制和不可替代等特点[7]。如何在激烈的供应端市场竞争中获得优势地位，使制造企业能够有效整合优质的供应商绿色资源，确保供应商参与效能已成为理论研究中亟待解决的问题。

此外，已有研究大都侧重于将供应商参与作为一种企业间协同创新机制，探究供应商参与绿色产品创新与创新绩效之间的关系[22]。事实上，以供应商参与为代表的外部整合与企业内部整合同属于供应链整合的范畴，在理论和现实中难以彼此孤立存在[23]。相关研究主要对内外部整合之间的相关关系进行了探讨[24]，但对两者之间交互作用的研究还非常有限，供应商参与在企业自身环境可持续导向（可视为一种企业内部整合机制）与制造企业绿色产品协同创新之间发挥何种作用，仍有待进一步研究。根据供应商参与时机及职责的差异，存在供应商早期参与和深入参与两种方式[25]。早期参与强调绿色新产品概念开发阶段的供应商参与，侧重于整合供应商的知识和创意；深入参与则强调新产品结构化阶段的供应商参与，侧重于实现绿色新产品从概念到成果的转化[26-27]。相关调查研究发现，汽车制造业需要与供应商合作完成动力系统的设计，供应商早期参与的情况比较常见；而包装行业则更多与供应商合作解决生物降解材料机械性能方面的问题，供应商深入参与的情况比较常见[23,28]。两种参与方式的内在区别很可能导致两者对环境可持续导向与绿色产品协同创新效能之间关系的作用也存在差异，具体存在何种差异目前仍未可知。

此外，具体到协同创新项目层面，根据供应商承担的责任和主导权，供应商参与模式分为白箱、灰箱和黑箱三种类型[29]。借鉴该思路，结合协同任务侧重点的差异，供应商参与绿色产品创新项目可分为外包型、协作型和咨询型三种模式[30]。由于供应商参与绿色产品协同创新的复杂性和不确定性较高，企业需要采取相关措施控制供应商，从而确保供应商参与绿色产品协同创新的有效性[31]。由于三类供应商参与模式对各种协同任务的侧重程度不同，导致不同参与模式的关键成功因素存在较大差异[32]。例如，咨询型供应商参与重点在知识转移，双方关系承诺水平是知识转移的关键[24]，而协作型供应商参与侧重联合创造，信息共享和联合决策的效率是创新成功的关键[11]。故而，企业需要采取差异化的措施保障不同协同任务的目标均能顺利达成，但目前对于不同供应商参与模式之间关键成功因素及保障措施的研究还非常有限。

在梳理已有相关研究的基础上，笔者认为企业通过供应商资源整合不仅能够利用供应商的专业技术和知识实现绿色创新设计的专业化，同时还能保证这种专业化的设计能够与制造企业的实际需求相匹配，从而将供应商的绿色专长集成到企业的绿色创新中，进而成功实现绿色产品协同创新（见表 1－1）。但已有相关研究并未针对绿色产品创新中供应商资源获取困难的实际情况，对如何确保制造企业获取相关资源展开讨论；同时，供应商不同的参与方式和项目参与模式对绿色产品协同创新效能的权变作用仍未可知，导致供应商参与绿色产品协同创新的效能在理论上仍然处于不可控的状态。

表 1－1 供应商参与绿色产品创新的相关研究进展

作者姓名	研究成果发表时间	研究成果发表刊物	主要观点
Lee K. H.，Kim J. W.	2011 年	Business Strategy and the Environment	供应商参与绿色产品创新的目标不局限于获取绿色零部件、原材料、生产工艺等，还包括通过与供应商协同提升新产品的绿色性能[21]
Beers C.，Zand F.	2014 年	Journal of Product Innovation Management	为了确保企业绿色产品创新的成功，迫切需要整合供应商的技术资源配合企业开展绿色产品创新，即供应商参与绿色产品创新[18]
Le Dain M. A.，Merminod V.	2014 年	Technovation	结合协同任务侧重点的差异，将供应商参与绿色产品创新分为外包型、协作型和咨询型三种模式[30]

续表

作者姓名	研究成果发表时间	研究成果发表刊物	主要观点
余菲菲	2015 年	科学学与科学技术管理	与价值链上供应商及网络成员企业的强伙伴关系是绿色创新成功的关键，可以有力推动企业采用绿色环保创新技术，保持紧密战略环境合作关系
Dangelico R. M.	2016 年	Business Strategy and the Environment	阐明决定绿色产品创新成功的关键性因素，包括管理模式、关系质量、资源与能力、流程开发四个方面[10]
Huang J. W.	2017 年	Journal of Business Ethics	动态能力、协调能力和社会互惠是绿色创新的重要驱动力，绿色创新包括绿色产品创新和绿色工艺创新，二者对环境绩效和组织绩效都具有积极影响[15]
王鸣华	2017 年	商业经济研究	供应商整合与企业绿色产品创新、绿色流程创新紧密相关，通过供应商整合可以提高知识共享和专业技能的交流，提高供应链合作伙伴创新能力，改善企业创新绩效
Melander L.	2018 年	Business Strategy and the Environment	企业在与合作伙伴进行绿色产品创新合作时，会优先考虑具备环境专业知识、为公司贡献新技术的伙伴[24]
Cheng C. C.	2020 年	Journal of Business Ethics	将绿色供应商作为共同创造者，而非仅仅作为知识来源的企业，会实现更高的绿色创新绩效[19]
Suurmond R., Wynstra F., Dul J.	2020 年	Journal of Supply Chain Management	根据供应商参与时机及职责的差异，存在供应商早期参与和深入参与两种方式[25]

1.2.2 供应商网络资源动员

由于供应商差异化对待不同制造企业的情况非常普遍，如何动员供应商积极配合制造企业已成为不可回避的问题。针对这一现实问题，逐渐形成了有关供应商资源动员的研究，以期为企业优先获取供应商的人、财、物、知识等资源提供理论指导[33]。供应商面向制造企业提供其专利技术的意愿，或是面向制造企业特定技术需求的投资意愿，对深化供应商参与产品创新影响显著[34]。供应商参与新产品开发(NPD)中优先获取供应商创新资源意味着供应商需要针对制造企业技术创新的需求派遣最优秀的员工，优先给予制造企业长期合作承诺和改进建议，优先分享其专利技术和创新成果使用权等，而制造企业大部分竞争对手短期内无法获取此类资源[35-36]。由此可见，引入供应商动员理论，特别是有关供应商资源动员路径和机制的理论成果，对探索供应商参与绿色产品协同创新效能提升路径及其实现机制意义重大。

已有关于供应商资源动员路径和机制的研究涵盖以下三种视角：一是从供应商视角出发，以获取供应商授予客户优先客户地位，进而优先获取供应商资源的研究最具代表性[37]，供应商对制造企业的满意能够促使供应商优先满足制造企业的需求[7]。二是从制造企业视角出发，集中探讨确保供应商资源获取的供应商动员机制研究。例如，通过安全机制形成供应商对制造企业的信任，有助于建立供应商对制造企业意图的正面预期，进而促使供应商向制造企业投入创新资源[34]。三是网络视角下的供应商资源动员研究。例如，Yan 等发现，供应商资源动员价值的高低取决于供应商网络的中心性、供应商在网络中位置以及制造商-供应商①间的结构均衡性[38]。Carnovale 等[39]揭示了供应商网络结构作为决定网络中企业拥有权力的关键因素，影响供应商对制造商-供应商协同创新项目资源投入的规律。但目前此类研究才刚起步，分析过程缺乏理论支撑。

学术界对创新网络治理的探讨已经初具规模，并对创新网络治理机制进行了卓有成效的研究(见表 1-2)。创新网络常见的治理机制有多种类型，根据治理机制的性质可以分为基于制度的治理机制和基于情感的治理机制，根据治理机制的目的可以分为形成机制、维护机制、互动机制和利益共享机制[40-41]。不同治理机制对创新网络治理效果的作用机理不尽相同，需要核心企业合理使用各种治理机制才能达到提升创新绩效的作用。供应商作为企业创新网络中的关键组成部分，具有特殊的地位和作用，有关研究已经开始专门探讨由核心企业、供应商以及供应商的供应商组成的局部创新网络，即利用供应商网络开展创新的问题[38,42]。然而，供应商网络的网络关系形成是以物料或服务的采购与供应关系为基础，不同于其他的创新网络的组成部分，交易关系是供应商网络的核心[43-44]。目前，有关创新网络治理

① 本书中的“制造商-供应商”指某特定制造商和某特定供应商这一组关系。

机制的研究成果在供应商网络中的适用情况和差异仍有待进一步探讨。

表 1-2 关于供应商网络资源动员的相关研究

作者姓名	研究成果发表时间	研究成果发表刊物	主要观点
李随成，李勃，张延涛	2013 年	科研管理	供应商网络关系的形成是以物料或服务的采购与供应关系为基础，供应商创新性和网络能力对制造企业产品创新具有积极作用[44]
Wagner S. M.，Bode C.	2014 年	Journal of Operations Management	供应商面向制造企业提供其专利技术的意愿，或是面向制造企业特定技术需求的投资意愿，对深化供应商参与产品创新影响显著[34]
Hüttinger L.，Schiele H.，Schröer D.	2014 年	Supply Chain Management	供应商和客户的卓越运营、可靠性和相关行为的增长机会是促使供应商给予客户优惠待遇的重要前因[35]
Pulles N. J.，Veldman J.，Schiele H.	2014 年	Journal of Supply Chain Management	强制权和奖赏权、善意信任和能力信任对于供应商分配实物资源和创新资源的影响不同[36]
谢恩，陈昕	2015 年	科研管理	网络结构嵌入特征和异质性特征分别正向影响新产品开发的速度和新颖性，而供应商网络关系嵌入程度可以有效提高新产品开发速度和新颖性
Vos F. G. S.，Schiele H.，Hüttinger L.	2016 年	Journal of Business Research	企业通过使供应商满意，可以优先获得客户地位，进而优先获取供应商资源[37]
Pulles N. J.，Veldman J.，Schiele H.	2016 年	International Journal of Operations & Production Management	获取外部资源的能力，可以帮助企业从供应商那里获得资源的优先分配[7]
白鸥，魏江	2016 年	科研管理	基于治理机制性质，可以将创新网络治理机制分为基于制度的治理机制和基于情感的治理机制[41]

续表

作者姓名	研究成果发表时间	研究成果发表刊物	主要观点
王玮,李随成等	2016 年	管理评论	供应商网络如一个巨大的“资源池”,不仅拥有企业所需的价值资源,且能提供满足顾客需求的创造性方案,有效的网络管理可以充分挖掘出这些资源的创新价值
Yan T., Yang S., Dooley K.	2017 年	Journal of Purchasing & Supply Management	供应商资源动员价值的高低取决于供应商网络的中心性、供应商在网络中的位置以及制造商-供应商间的结构均衡性[38]
Carnovale S., Yeniyurt S., Rogers D. S.	2017 年	Journal of Purchasing & Supply Management	供应商网络结构直接影响供应商对制造商-供应商协同创新项目资源的投入[39]
Potter A., Wilhelm M.	2020 年	Journal of Operations Management	供应商网络中心性会影响供应商创新的产生,同时这种关系会受到供应网络中企业结构嵌入的调节

1.2.3 供应商资源优先获取与绿色产品协同创新效能

绿色产品创新具有双重外部性,需要企业自身技术与环境相关技术的有机融合,这也导致企业提高绿色创新能力面临更大的障碍[45-48]。提高制造企业的绿色产品创新,必须坚持正确的方向和路径。除了积极响应和利用政府层面的鼓励政策,企业自身也应该把环境问题纳入战略计划[49],积极实施绿色管理[50],主动地参与到绿色产品创新实践中。增加绿色资源和资金的投入,注重技术资源和信息资源的获取[51]。积极构建绿色企业文化,加强绿色学习能力,注重环保知识的形成、吸收与转化[48]。强化绿色产品合作研发,促进绿色创新知识的流动,构建企业自身知识资本[46]。

制造企业为了提高绿色新产品的效率和效力,需要通过供应商获得产品创新所需原料,需要与供应商共同开发产品创新所需原料的标准,向供应商提供零部件设计规范,对供应商内部管理进行审查,与供应商协同达到绿色产品创新的要求等[52-53]。Dai认为，制造企业利用供应商的专业技术和知识有助于实现新产品设计的专业化，同时又能够保证这种专业化的设计与制造企业的实际需求相匹配，以将专业的设计集成到新产品中，从而达到绿色新产品的预期属性[20,54]。此外，Wu和Jean等认为，获取供应商的专用性资产投放能够促进制造商和供应商共享有关产品创新的隐性知识[16,55]。Lee也认为，借助供应商的资源给予制造企业绿色产品创新所需原料，以及改良制造企业的制造工艺，能够有效提高制造企业的绿色产品创新能力[21]。由此可见，制造企业与供应商绿色产品协同创新对促进企业绿色产品创新的成功具有重要价值。

绿色产品协同创新过程中，制造企业准确、及时和充分地获取供应商通过环保认证的稀缺原料、零部件或设备以及先进的绿色技术知识，对制造企业绿色产品协同创新效能的提高具有重要意义。这是因为，绿色产品创新在新产品的材料、工艺和技术中融入了大量环保理念，相较于普通产品创新，绿色产品创新涉及更多的前沿知识以及不同产业的交叉融合，提高制造企业绿色产品创新能力势在必行。一般情况下，掌握绿色技术的供应商通常对制造企业绿色新产品所需零部件的规格和组件较为熟悉，同时拥有较成熟的绿色技术知识获取渠道。供应商参与绿色产品创新中，制造企业能够通过优先获取供应商的绿色创新资源，补充绿色知识的不足，学习先进绿色技术，获得专业设备的使用权，进而提高制造企业的绿色产品创新能力[1]。此外，由于绿色产品创新价值的评价往往只能依赖于政府或者第三方机构的认证，制造企业及时获取供应商的绿色材料和设备，有助于绿色新产品早日通过认证[45]。

事实上，供应商并不是平等地对待所有客户[56-57]，正如供应商争取“首选供应商”的地位一样，买方也需要成为其核心供应商的“优先客户”[58]。获得优先客户地位，意味着更高的供应商承诺和更高的供应商忠诚度[59-60]；作为供应商的优先客户，制造企业可以获得优于其他竞争对手的优惠待遇，如优先获得更新的绿色产品资源与技术[61-62]，获得更好的服务、价格和卓越的产品质量[35]。同时，给予特定制造企业优先客户地位也意味着较小的供应商机会主义行为风险，是制造企业交付可靠性和合作开发创新的良好保障[63-64]。基于逆向营销理论，制造业产业链上游供应商对特定企业作为其客户现在及未来价值的预期，即制造企业客户魅力，能够影响供应商的关系行为[65-66]。具体而言，供应商将给予客户魅力更高的制造企业以优先客户的地位，以此维系双方关系的良性循环[67-68]。制造企业可以凭借其优先客户地位优先获取产业链上游的资源，进而增加供应商对企业绿色产品协同创新的贡献，提升协同创新效能[69]。

综上，供应商参与绿色产品创新效能是评价供应链企业间绿色产品创新有效性的关键依据，同时供应商参与效能的提升离不开供应商相关资源准确、及时和充分的投入，优先客户地位是优先资源配置的基础（见表1-3）。然而，由于供应商资源动员的相关研究并未阐明促使供应商面向制造企业绿色产品创新需求投入资源的规律，使制造企业在整合供应商开展绿色产品协同创新的实践过程中，不能有效应对供应商相关资源投入不足的情况。此外，已有研究大都将优先获取供应商资源作为一个内生变量，用来分析优先获取供应商资源与企业绩效之间的关系，即使存在少数有关制造企业优先获取供应商资源驱动因素的论述，也未能揭示制造企业优先获取供应商资源的路径，从而阻碍了通过优先获取供应商资源提升企业间绿色产品创新效能研究的推进，有关企业通过优先客户地位获取产业链上游资源，提升供应链企业间绿色产品协同创新效能的理论仍有待进一步完善。

表 1-3 关于供应商资源优先获取与绿色产品协同创新效能的研究

作者姓名	研究成果发表时间	研究成果发表刊物	主要观点
Lee K. H.，Kim J. W.	2011 年	Business Strategy and the Environment	借助供应商的资源，制造企业可以获得绿色产品创新所需原料以及改良制造企业的制造工艺，从而有效提高企业绿色产品创新能力[21]
Schiele H.，Calvi R.，Gibbert M.	2012 年	Industrial Marketing Management	正如供应商争取“首选供应商”地位一样，买方也需要成为其核心供应商的“优先客户”[58]
Wu G. C.	2013 年	Supply Chain Management: An International Journal	获取供应商的专用性资产，能有效促进制造商-供应商间有关产品创新的隐性知识共享[16]
高伟，柳卸林	2013 年	科学学与科学技术管理	技术与市场整合能力对突破性创新绩效有促进作用，嵌入程度和嵌入质量通过产业链资源整合能力的中介作用实现对突破性创新的影响
Dai J.，Cantor D. E.，Montabon F. L.	2015 年	Journal of Business Logistics	利用供应商的专业技术和知识，有助于制造企业实现新产品设计的专业化，同时又能够保证这种专业化的设计与制造企业的实际需求相匹配[20]

续表

作者姓名	研究成果发表时间	研究成果发表刊物	主要观点
李广培,李艳歌,全佳敏	2018年	科学学与科学技术管理	制造企业及时获取供应商的绿色材料和设备,有助于绿色新产品早日通过认证[45]
解学梅,等	2019年	管理工程学报	内部驱动和外部驱动因素均对绿色创新战略产生显著的正向影响,要实现供应链的绿色创新目标,应当协同供应链成员在绿色技术和设备的引进、绿色产品生产过程中共享资源,提高整条供应链的协同能力
Clauss T., Bouncken R. B.	2019年	Industrial Marketing Management	供应商对特定企业作为其客户现在及未来价值的预期,即制造企业客户魅力,能够影响供应商的关系行为,从而影响资源的分配[65]
Patrucco A. S., Luzzini D., Moretto A., et al.	2019年	Business Process Management Journal	作为供应商的优先客户,制造企业可以获得优于其他竞争对手的优惠待遇,如优先获得更新的绿色产品资源与技术,更好的服务、价格和卓越的产品质量[61]
李勃,和征,李随成	2020年	研究与发展管理	制造企业可以凭借其优先客户地位优先获取产业链上游的资源,进而增加供应商对企业绿色产品协同创新的贡献,提升协同创新效能[69]

1.3 研究目的与意义

绿色产品创新的特质决定了制造企业迫切需要整合供应商的资源开展协同创新。制造企业积极开展供应链企业间的绿色产品创新是贯彻绿色发展理念的重要实践形式,能够通过绿色新产品的成功为现阶段中国制造业企业的转型升级提供不竭动力,故而提升供应商参与绿色产品创新效能对制造企业当前生存和未来发展至关重要。由于优质供应商资源比较稀缺,确保制造企业能够优先获取供应商资源，已成为现阶段制造企业提升供应商参与效能的关键控制环节，也是该领域研究中亟待解决的关键科学问题。本研究以中国制造企业作为研究对象，重点揭示制造企业通过供应商动员机制的设计，促进企业优先获取供应商资源，进而提升供应商参与绿色产品创新效能的路径，并提出相关对策。

1.4 研究思路

本研究按照以下四个阶段展开。

(1)基于质性-量化相结合的方法探明供应商参与绿色产品创新效能的内涵与结构。从供应商资源动员的视角，结合社会资本理论、供应链治理理论、社会交换理论和权力-依赖理论以及供应商开发的相关研究，探索制造企业通过各种供应商动员机制优先获取供应商资源，进而提升绿色产品协同创新效能的路径。

(2)构建理论模型，通过来自制造企业的大样本数据，采用结构方程模型(SEM)方法、多层回归分析法、多群组比较法和 Bootstrap(拔靴)检验等实证统计方法，揭示制造企业动员供应商资源提升绿色产品协同创新效能的路径。

(3)基于自然资源基础观、交易成本理论和社会交换理论，揭示供应商参与方式与协同任务契约结构特征对“环境可持续导向与企业绿色产品创新关系”的联合调节作用，探明供应商在参与绿色产品创新情境下，“供应商参与模式—治理形式适配”对供应商参与效能的影响，以及供应商关系专用性投资(RSI)在上述关系中的中介作用。

(4)在实证研究基础上，归纳梳理假设检验结果，提出制造企业通过供应商参与绿色产品协同创新中优先获取供应商资源，进而提升供应商参与绿色产品协同创新效能的管理对策。具体研究的技术路线如图 1-1 所示。

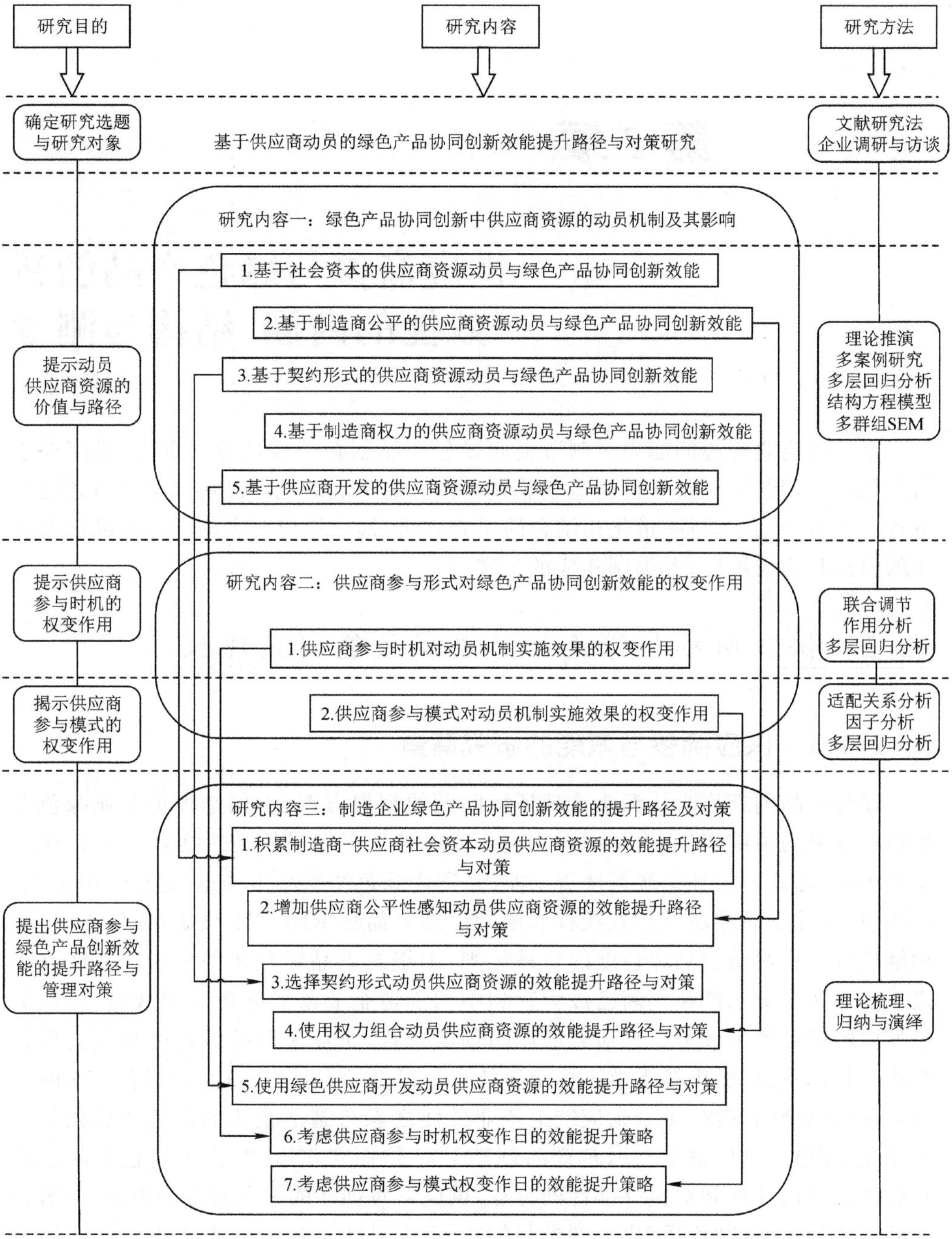
研究目的
研究内容
研究方法
确定研究选题与研究对象
基于供应商动员的绿色产品协同创新效能提升路径与对策研究
文献研究法 企业调研与访谈
研究内容一：绿色产品协同创新中供应商资源的动员机制及其影响
1.基于社会资本的供应商资源动员与绿色产品协同创新效能
2.基于制造商公平的供应商资源动员与绿色产品协同创新效能
3.基于契约形式的供应商资源动员与绿色产品协同创新效能
4.基于制造商权力的供应商资源动员与绿色产品协同创新效能
5.基于供应商开发的供应商资源动员与绿色产品协同创新效能
提示动员供应商资源的价值与路径
理论推演 多案例研究 多层回归分析 结构方程模型 多群组SEM
研究内容二：供应商参与形式对绿色产品协同创新效能的权变作用
提示供应商参与时机的权变作用
1.供应商参与时机对动员机制实施效果的权变作用
联合调节作用分析 多层回归分析
揭示供应商参与模式的权变作用
2.供应商参与模式对动员机制实施效果的权变作用
适配关系分析 因子分析 多层回归分析
研究内容三：制造企业绿色产品协同创新效能的提升路径及对策
1.积累制造商-供应商社会资本动员供应商资源的效能提升路径与对策
2.增加供应商公平性感知动员供应商资源的效能提升路径与对策
提出供应商参与绿色产品创新效能的提升路径与管理对策
3.选择契约形式动员供应商资源的效能提升路径与对策
理论梳理、归纳与演绎
4.使用权力组合动员供应商资源的效能提升路径与对策
5.使用绿色供应商开发动员供应商资源的效能提升路径与对策
6.考虑供应商参与时机权变作日的效能提升策略
7.考虑供应商参与模式权变作日的效能提升策略

图 1-1 技术路线图

第2章

供应商参与绿色产品创新效能的内涵、结构与测量

整合供应商资源的能力对制造企业绿色产品创新的成功意义重大，供应商参与绿色产品创新效能是评价制造企业整合供应商开展绿色产品协同创新有效性的重点。本章将基于质性-量化相结合的研究方法，揭示供应商参与绿色产品创新效能的内涵和构成维度，并编制相应的量表。

2.1 供应商参与绿色产品创新效能研究现状

2.1.1 供应商参与效能的研究背景

绿色产品创新作为从源头治理环境问题的理想方案，不仅是评价企业绿色发展转型效果的关键指标，也是中国制造企业未来生存发展的必然结果[70]。以纺织企业为例，随着各类环保政策法规的实施，国内绿色纺织品市场迅速成熟；国际上，以欧盟的《化学品注册、评估、授权和限制法规》(简称 REACH 法规)为代表，各国相继出台了针对纺织品绿色度的贸易规则，围绕纺织品绿色化的全球产业洗牌正进一步加速。绿色产品创新已成为影响中国制造企业落实绿色发展战略、实现绿色发展转型的关键环节。相对普通产品创新而言，企业层面的绿色产品创新还存在相关技术不成熟、市场需求不稳定等特点[5]，仅凭制造企业自身的绿色技术能力与资源难以全面支撑，整合供应链上企业并使之参与制造企业的绿色产品创新在所难免，即整合供应商参与绿色产品创新[22]。然而在实践中，由于绿色产品创新具有政策导向性强和双重外部性的特点，供应商对创新的投入将更为谨慎，制造企业即使选择了所谓“优质”供应商参与创新，也未必能实现绿色产品创新[69]。绿色产品创新的成功取决于供应商参与绿色产品创新的效能[71]，然而，目前有关供应商参与绿色产品创新效能的内涵、构成维度以及测量的研究还十分罕见。

尽管供应商参与绿色产品创新效能的概念在已有理论研究中尚未被明确界

定，但关于供应商参与贡献[71-72]、供应商创新性[73-74]和供应商参与意愿[75-76]等相关研究成果的出现，已经为探究“供应商参与绿色产品创新效能”的内涵和构成奠定了基础。本研究基于扎根理论的质性研究方法和量化实证研究方法，探明了“供应商参与绿色产品创新效能”的基本解释架构；并在此基础上，对“供应商参与绿色产品创新效能”进行操作化定义，即量表编制，这不仅能丰富企业绿色技术创新管理理论，还能为评价供应链企业间绿色产品协同创新有效性的管理实践提供理论参考。

2.1.2 理论基础

对于组织管理而言，效能是指组织目标的实现程度[77]。供应商参与绿色产品创新效能反映了供应链企业间绿色产品协同创新目标的实现程度，即供应商参与绿色产品创新的有效性。以往学者对供应商参与绿色产品创新有效性的研究主要集中在三个视角：一是价值共创视角，Chae 等[78]认为供应商参与新产品开发的价值在于将供应商的技术和能力转化为对新产品的实质性贡献；二是协同效益视角，Im 等[79]研究发现，制造商-供应商之间的协同效益往往取决于二者之间的协同质量，而制造商-供应商之间的协同程度是提高协同质量的关键；三是目标达成视角，Melander[24]指出，供应商参与绿色产品创新的实质是通过组建跨组织的协同创新团队达成成功开发绿色新产品的目标。此外，还有许多相似概念的研究，例如李勃等[69]利用供应商创新性刻画供应商参与绿色产品创新的有效性，认为提高和满足供应商面向制造企业绿色产品创新需求的创新能力和意愿，能够激发供应商参与效能；Zhao 等[80]采用绿色产品创新绩效衡量供应商参与绿色产品创新的有效性，利用绿色新产品的具体表现表示供应商参与绿色产品创新效能；Ellis 等[76]将供应商的参与意愿，即供应商向制造企业进行资源配置的主观能动性等同于供应商参与绿色产品创新的有效性。通过对已有文献的总结与归纳，基于关系理论，本研究将供应商参与绿色产品创新效能界定为制造企业与供应商协同进行企业间绿色产品创新的目标实现程度，具体目标为：①绿色新产品的本身表现；②供应商的实质贡献；③制造商-供应商的协同质量。

目前有关供应商参与绿色产品创新效能的结构维度的研究还比较罕见，并且尚未达成一致的结论。大部分的学者将其作为单维概念，使用单一维度的量表进行测量[81-82]；有关多维度的研究，也有学者将其视为多维概念，例如 Um 等[83]的研究将供应商参与绿色产品创新效能分为信息共享、目标一致、协作交流、激励一致、决策同步、资源共享、知识共创七个维度；Yan 等[84]学者采用充分努力、知识贡献、相互支持、协调和交流质量五个维度，从协同质量的角度对制造商-供应商的绿色产品协同创新效能进行测量；Shou 等[85]从绿色新产品的具体表现出发，利用市场绩效、财务绩效和社会绩效测算制造商-供应商的绿色产品协同创新效能。尽管已有研究已经对供应商参与绿色产品创新效能展开了探讨，但仍存在局限：一是仅从协同质量、绿色产品创新绩效等单一视角出发，将其作为结果变量进行实证研究，并未对供应商参与绿色产品创新效能的内容进行质性探索；二是结果导向的评价容易受多种内外部环境因素的干扰，如高管与员工的态度、市场和政策等[86]，不利于企业间绿色产品协同创新的实践需要；三是有关供应商参与绿色产品创新效能的研究多为国外情境，其研究结论对国内的适用性有限。因此，为了实现供应链企业间绿色产品协同创新，仍需要对供应商参与绿色产品创新效能的结构进行进一步研究。

2.2 供应商参与绿色产品创新效能研究设计

质性研究强调通过对实际现象和问题的识别，揭示与所识别内容相符的理论，适合对尚未成熟的概念内涵与结构进行探索[87]。但已有研究中还未形成有关“供应商参与绿色产品创新效能”的基本解释架构。故而使用基于扎根理论的质性研究方法对“供应商参与绿色产品创新效能”的结构进行探索。然而，与其他质性研究方法类似，扎根理论也属于现象驱动型的研究方法，理论建构效度存在一定的局限性，还需结合量化的大样本实证研究对质性研究提出的研究结果进行检验和筛选，才能形成更具效力的研究结论。此外，为了使研究结果能够为后续理论研究和企业实践提供更直接的借鉴，需要通过量表的编制实现对“供应商参与绿色产品创新效能”的操作化定义，该过程也需要进行大样本实证研究才能保证量表的有效性。

据此，基于质性-量化相结合的研究方法探析“供应商参与绿色产品创新效能”的具体研究步骤包括：①基于扎根理论法探索“供应商参与绿色产品创新效能”的基本解释架构，初步提出概念内涵与结构；②在研究步骤①提出的范畴及其解释基础上，编制“供应商参与绿色产品创新效能”的初始测量量表；③基于大样本数据的实证研究检验“供应商参与绿色产品创新效能”的测量量表的同时，判断研究步骤①提出的基本解释架构的可靠性，进而形成最终结论。

2.3 供应商参与绿色产品创新效能的内涵、结构与测量

2.3.1 数据收集

为了保证扎根理论研究的严谨性，资料的收集采用多种数据来源进行。

首先，利用深度访谈收集一手资料。访谈的样本选自绿色产品创新需求比较

迫切的行业(如纺织、汽车和家电等),访谈的对象主要包括制造业企业高管、研发主管、产品经理、供应链经理等。为提高访谈效率,在访谈前将访谈提纲以电子邮件的方式寄给受访者。访谈提纲主要围绕以下四个主题展开:①能够体现供应商参与绿色产品创新效能的行为和活动;②协同创新过程中供应商具备的有利于提高绿色产品创新效能的特征;③协同创新过程中期望供应商能够做出的贡献有哪些;④协同创新过程中如何提高效能。为了保证数据收集的准确性,在征得受访者同意后,采用笔录和录音两种方式对原始资料进行记录。

其次,从媒体报道、官网等渠道收集二手资料对访谈进行佐证和补充。为了提高研究的信度与效度,在数据收集结束后将资料整理归纳,发送至受访者,并邀请对方进行阅读与反馈。正式访谈从 2019 年 1 月到 3 月,历时 3 个月,每例访谈时间持续 1.5～2 小时。

2.3.2 数据分析

1. 开放式编码

开放式编码是编码分析的第一步,通过对受访者的原始访谈资料进行整理、辨析,持续比较和分析以实现概念化和范畴化[8]。在对原始资料进行开放式编码的过程中,为保证编码的可靠性和有效性,减少研究者的个人偏见和固有思维对结果的影响,研究最大化地采用被访对象的原始语句进行初始概念的提炼,剔除重复频次小于 3 次、前后表达不一致或冲突的初始概念,最终得到 262 个初始概念条目,归纳分析形成 28 个初始范畴(见表 2-1)。

表 2-1 开放式编码形成的范畴示例

原始资料语句示例	概念化	初始范畴
供应商提供多个低能耗设计建议供我司参考(a1-02)	a1-02 提供设计建议	A1 改进功能设计
供应商新引进的高压介质损耗测试仪就是为了此次研发(a2-13)	a2-13 研发设备投入	A2 实现设计功能
对业内绿色技术的更新方向做出预判并快速做出调整(a2-16)	a2-16 把握行业绿色发展风向	A3 提前响应变化
遇到问题会尽快与我司相关人员取得联系(a3-12)	a3-12 及时沟通	A4 及时解决问题
想要在市场上站稳脚跟,研发工作就必须要审时度势(a3-21)	a3-21 研发动态性	A5 适应动态研发

续表

原始资料语句示例	概念化	初始范畴
供应商不断寻求更好的绿色解决方法(a1-21)	a1-21 不断探索	A6 积极进行创新
供应商提供的微电脑厚度测试机对绿色新产品所需的低能耗材料研发很有帮助(a1-15)	a1-15 研发设备支持	A7 关键技术开发支持
供应商从德国引进的研发设备解决了这个绿色技术难题(a4-21)	a4-21 有效解决问题	A8 协助突破技术难题
供应商能根据要求对绿色产品的设计方案进行改进(a1-05)	a1-05 优化设计方案	A9 提出重要改进意见
对终端市场进行过深入调研，掌握目标客户的绿色需求信息(a4-01)	a4-01 市场需求信息	A10 提供重要知识
供应商主动邀请我司设计人员探讨绿色产品设计方案(a3-13)	a3-13 主动探讨方案	A11 工作主动
非常看重我司的关系，有长期合作的意愿(a2-21)	a2-21 注重合作	A12 尽职尽责
供应商承诺我司的事不会违约(a3-20)	a3-20 不会违约	A13 目标承诺
谁该干什么在协同创新过程中一目了然(a4-07)	a4-07 任务分解得当	A14 工作安排匹配
比我司员工独立完成更有效率(a4-04)	a4-04 高效完成工作	A15 人员协作高效
双方能在一个轻松愉快的氛围中共同工作(a1-11)	a1-11 工作氛围融洽	A16 工作氛围和谐
遇到冲突能及时化解(a2-15)	a2-15 冲突处理及时	A17 冲突处理快捷
双方建立信息共享平台共享市场信息(a3-21)	a3-21 共享平台搭建	A18 资源共享
供应商主动适应我司开展绿色产品创新的工作流程(a1-19)	a1-19 适应运作流程	A19 彼此适应
供应商与我司的管理人员能够包容对方的失误(a4-04)	a4-04 包容失误	A20 相互包容

续表

原始资料语句示例	概念化	初始范畴
供应商积极将其最新环保核心技术用于与我司开展的协同创新之中(a3-01)	a3-01 开放核心技术	A21 开放新技术
供应商愿意将最新的但我司还未掌握的绿色技术信息与我司分享(a3-10)	a3-10 提供互补技术资源	A22 分享新发现
绿色新产品在生产中产生的废弃物排放能够达到国家法规要求(a4-06)	a4-06 符合环保法规	A23 绿色环保目标
通过协同创新开发的绿色新产品能够满足目标客户对绿色性能的需求(a2-19)	a2-19 满足顾客的环保要求	A24 符合客户绿色需求
做到生产时降低资源消耗,使用时减少废弃物的排放(a1-21)	a1-21 减少资源消耗	A25 减少自然资源消耗
绿色新产品研发过程的成本控制符合预期目标(a3-04)	a3-04 控制研发成本	A26 成本可控
协同创新开发的绿色新产品能够抢占市场先机,先于竞争对手同类产品投放市场(a3-19)	a3-19 投入市场准时	A27 新产品投放准时
与竞争对手相比,我司开发的绿色新产品整体更胜一筹(a2-07)	a2-07 产品整体质量更优	A28 促使新产品实现竞争优势。

注:由于篇幅所限,每个初始范畴仅展示 1 条原始语句编码过程。表中“我司”指制造企业。

2. 主轴编码

主轴编码是编码分析的第二步,在开放式编码的基础上进行聚类分析,根据各范畴间的联结关系和逻辑关系,对初始范畴进一步比较和归类,形成主范畴[88]。例如,改进功能设计、实现设计功能是功能实现的表现形式,因此将二者联结为功能实现。经过小组成员的反复比较分析,开放式编码形成的 28 个初始范畴,归纳为功能实现、需求响应、技术支持、勇于担当、配合默契、相互支持、达成绿色目标、达成市场目标 8 个一阶范畴,如表 2-2 所示。

表 2-2 主轴编码结果

一阶范畴	初始范畴
B1 功能实现	改进功能设计,实现设计功能
B2 需求响应	提前响应变化,及时解决问题,适应动态研发,积极进行创新
B3 技术支持	关键技术开发支持,协助突破技术难题,提出重要改进意见,提供重要知识
B4 勇于担当	工作主动,尽职尽责,目标承诺
B5 配合默契	工作安排匹配,人员协作高效,工作氛围和谐,冲突处理快捷
B6 相互支持	资源共享,彼此适应,相互包容,开放新技术,分享新发现
B7 达成绿色目标	绿色环保目标,符合客户绿色需求,减少自然资源消耗
B8 达成市场目标	成本可控,新产品投放准时,促使新产品实现竞争优势

3. 选择性编码

选择性编码是编码分析的最后一步,通过挖掘各范畴之间的内在联系,结合原始资料建立各个范畴之间的"故事线"[89],归纳提炼出参与贡献、协同程度和目标达成这三个二阶范畴来诠释供应商参与绿色产品创新效能,并提出了结构维度模型,如表 2-3 和图 2-1 所示。

表 2-3 选择性编码结果

二阶范畴	典型关系结构	关系内涵
C1 参与贡献	功能实现→参与贡献	供应商运用自身资源和技术帮助制造企业开发绿色新产品,并确保其能稳定实现既定的设计功能,提高供应商的参与贡献
	需求响应→参与贡献	供应商积极关注政府的绿色环保政策,能敏锐捕捉行业风向,及时响应市场变化和制造企业绿色产品创新的需求,提高供应商的参与贡献
	技术支持→参与贡献	供应商运用自身独有的资源,为制造企业完成绿色新产品的开发提供技术支持,提高自身参与贡献

续表

二阶范畴	典型关系结构	关系内涵
C2 协同程度	勇于担当→协同程度	供应商与制造企业均能主动承担任务，积极履行职责，不相互推诿责任，确保协同创新的顺利进行
	配合默契→协同程度	供应商与制造企业之间具有良好的沟通机制，能够迅速解决矛盾冲突，配合默契，确保绿色产品创新的有序开展
	相互支持→协同程度	双方愿意资源共享、彼此适应、相互包容、开放新技术、分享新发现，因而提高协同质量和效率
C3 目标达成	达成绿色目标→目标达成	绿色新产品能顺利通过各项绿色认证，满足节能减排和保护用户生命健康的既定要求，有助于达成新产品在环护方面的预期目标
	达成市场目标→目标达成	绿色新产品能够实现总成本可控，新产品投放准时、整体性能优于竞争对手同类产品，有助于达成新产品在市场表现上的预期目标

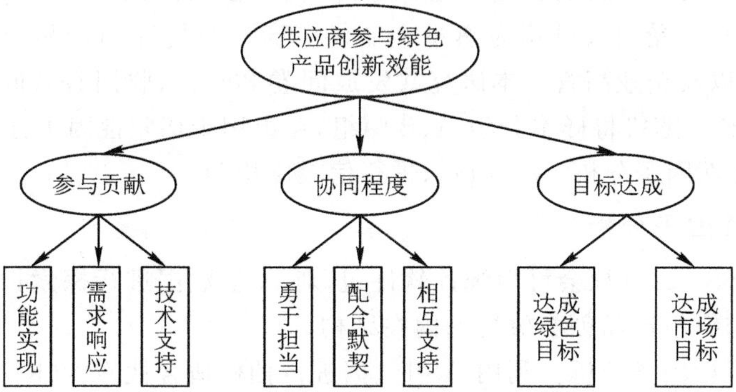

图 2-1 供应商参与绿色产品创新效能的构成维度模型

2.4 供应商参与绿色产品创新效能的测量量表开发

2.4.1 量表编制及修正

基于扎根理论所得的内涵范畴及其解释条目，对受访者的语句进行整理和加工形成初始量表，再根据本领域专家的意见对量表题项进行修正，最终得到包含61个题项的初始量表。采用李克特七级量表，将初始量表编制成正式问卷进行预调研，共发放问卷100份，回收有效问卷84份。

运用项目分析检验初始量表的鉴别度。将题项总分按照由低到高的顺序进行排序，总分前27%设定为高分组，后27%设定为低分组。对两组数据进行列文(Levene)检验和 t 检验，通过检验每个题项在两组数据中的差异显著性，判断该题项是否具有良好的鉴别度。检验结果表明，初始量表中有21个题项应予以剔除，其他40个题项均具有良好的鉴别度，予以保留。最终形成包含3个维度40个题项的供应商参与绿色产品创新效能的初始量表。

2.4.2 量表检验

1. 数据收集

本研究进行量表检验的样本涵盖了新兴制造业企业（如新能源汽车、新材料、生物医药等）和传统制造业企业（如食品、纺织、家电等），主要通过以下三条途径收集数据：①向工商管理硕士（MBA）、高级工商管理硕士（EMBA）学员及其同事发放问卷50套；②借助产业园区、高新区和开发区管委会工作人员的帮助，联系了200家制造企业实地发放问卷；③通过搜索相关行业协会的企业目录以及各省公示的行业示范企业目录，随机选取了550家企业作为调查样本。在专业招聘服务机构的配合下，对可接触的企业以电子邮件、视频会议、电话联系等方式向目标受测人员发放问卷，受测人员均为熟悉企业供应商参与情况的产品经理、供应链经理、研发主管以及企业高管。本研究共发放问卷800份，收回有效问卷508份，有效率为63.5%。随机将样本分为A、B两组，A组用于探索性因子分析（$N=264$），B组用于验证性因子分析（$N=244$），进行信效度检验。

2. 探索性因子分析

使用SPSS 22.0（社会科学统计软件包）对A组数据进行探索性因子分析，探索供应商参与绿色产品创新效能的内在结构。

一阶探索性因子分析。利用A组数据进行抽样适合性检验（KMO检验）和巴特利特(Bartlett)球形检验，结果（KMO值为0.712，Bartlett球形检验 $p<0.001$）表明该量表适合进行因子分析。采用主成分分析法，经正交旋转处理，剔除因子负荷小于0.5、跨因子载荷大于0.4、有负向因子载荷的题项，完成初始量表的优化与精炼。研究共删除了8个测量题项，再次进行KMO检验和Bartlett球形检验，结果表明KMO值为0.829，达到良好水平，Bartlett球形检验 $p<0.001$，说明完成题项删除的量表也适合进行因子分析。运用Kaiser（凯泽）法确定因子数目，即特征值≥1.0的原则，共提取出8个共同因子，累计解释总变异量为82.925%，达到理想水平，可以解释供应商参与绿色产品创新效能的大部分结构，如表2-4所示。

表 2-4 一阶探索性因子分析结果

测量题项	因子命名							
	达成绿色目标	技术支持	配合默契	功能实现	相互支持	达成市场目标	需求响应	勇于担当
Fv25	0.919							
Fv27	0.917							
Fv26	0.886							
Fv28	0.882							
Fv24	0.853							
Fv9		0.954						
Fv11		0.951						
Fv10		0.940						
Fv12		0.884						
Fv16			0.896					
Fv17			0.890					
Fv18			0.883					
Fv19			0.859					
Fv2				0.890				
Fv3				0.867				
Fv1				0.850				
Fv4				0.816				
Fv22					0.897			
Fv23					0.894			
Fv20					0.871			
Fv21					0.823			
Fv30						0.891		
Fv32						0.885		
Fv29						0.860		
Fv31						0.804		
Fv5							0.797	
Fv7							0.791	
Fv6							0.786	

续表

测量题项	因子命名							
	达成绿色目标	技术支持	配合默契	功能实现	相互支持	达成市场目标	需求响应	勇于担当
Fv8							0.648	
Fv14								0.913
Fv13								0.911
Fv15								0.899
初始特征值	8.207	4.689	3.645	2.432	2.293	2.163	1.800	1.305
解释变异量/%	25.648	14.654	11.391	7.600	7.167	6.760	5.625	4.079
解释累计变异量/%	25.648	40.302	51.693	59.293	66.459	73.220	78.845	82.925

二阶探索性因子分析。为进一步探索供应商参与绿色产品创新效能的内部结构，在前述研究的基础上，进行二阶探索性因子分析，对一阶探索性因子分析所提取的 8 个因子得分进行正交旋转，如表 2－5 所示。结果表明：量表 KMO 值为 0.702，Bartlett 球形检验 $p<0.001$，适合进行二阶因子分析，再经共同因子正交旋转，提取出 3 个特征值符合要求的共同因子，累计解释总变异量为 61.676%，可以解释供应商参与绿色产品创新效能的大部分结构。

表 2－5　二阶探索性因子分析结果

一阶因子	二阶因子命名		
	参与贡献	协同程度	目标达成度
功能实现	0.809		
需求响应	0.769		
技术支持	0.734		
配合默契		0.739	
相互支持		0.733	
勇于担当		0.637	
市场目标			0.806
绿色目标			0.724
初始特征值	2.451	1.482	1.004
解释变异量/%	30.639	18.531	12.546
解释累计变异量/%	30.639	49.171	61.716

探索性因子分析结果初步验证了扎根理论研究提出的供应商参与绿色产品创新效能内容结构，即供应商参与绿色产品创新效能由参与贡献、协同程度、目标达成三个二阶范畴组成，其中参与贡献体现了供应商利用自身创新资源能够对绿色产品创新做出的实质性贡献，包含功能实现、需求响应、技术支持；协同程度体现了制造商-供应商在绿色产品创新中勇于担当、配合默契、相互支持，是供应商有效参与绿色产品协同创新的具体表现；绿色目标和市场目标的达成则体现了供应商参与绿色产品协同创新的预期目标的实现，三者共同构成了供应商参与绿色产品创新效能。

3. 验证性因子分析

研究使用 AMOS24.0（结构方程建模软件），运用竞争模型比较法进行验证性因子分析，对前述研究提出的模型进行检验。研究共提出了 5 个竞争模型，分别为 3 个一阶因子模型和 2 个二阶因子模型。

一阶验证性因子分析提出的竞争模型分别为：包含量表所有题项的一阶单因子模型 M1；包含参与贡献、协同程度、目标达成度三个潜变量的一阶三因子模型 M2；包含功能实现、需求响应、技术支持、勇于担当、配合默契、相互支持、达成绿色目标、达成市场目标八个潜变量的一阶八因子模型 M3。

如表 2-6 所示，模型 M1 和 M2 的拟合效果较差，模型 M3[$1<\chi^2/df<3$，近似误差均方根（RMSEA）为 0.063，比较拟合指数（CFI）为 0.921，基准拟合度指数（NFI）为 0.853，增值拟合指数（IFI）为 0.922，简约比较拟合指数（PCFI）为 0.81，简约规范拟合指数（PNFI）为 0.74]的拟合效果较好，但仍存在拟合指标未达到理想水平的情况（NFI 为 0.853<0.9）。故进行二阶验证性因子分析寻找供应商参与绿色产品创新效能最优模型。

表 2-6　一阶验证性因子分析拟合指标

模型	χ^2/df	近似误差均方根（RMSEA）	比较拟合指数（CFI）	基准拟合度指数（NFI）	增值拟合指数（IFI）	简约比较拟合指数（PCFI）	简约规范拟合指数（PNFI）
M1	8.876	0.18	0.307	0.286	0.311	0.287	0.268
M2	5.864	0.141	0.575	0.532	0.578	0.534	0.494
M3	1.951	0.063	0.921	0.853	0.922	0.81	0.74
理想值	介于 1～3	<0.08	>0.9	>0.9	>0.9	>0.5	>0.5

二阶验证性因子分析提出以下 2 个竞争模型：M4 是包含功能实现、需求响应、技术支持、勇于担当、配合默契、相互支持、达成绿色目标、达成市场目标 8 个一阶因子的二阶单因子模型；M3 是包含 8 个一阶因子和 3 个二阶因子的二阶三因子模型，其中二阶因子参与贡献解释功能实现、需求响应、技术支持三个一阶因子，二阶因子协同程度解释勇于担当、配合默契、相互支持三个一阶因子，二阶因子目

标达成解释实现绿色目标和实现市场目标两个一阶因子。

如表 2－7 所示，模型 M5（$1<\chi^2/df<3$，RMSEA 为 0.032，CFI 为 0.989，NFI 为 0.95，IFI 为 0.989，PCFI 为 0.601，PNFI 为 0.577）的各项指标均达到了理想水平，能较好地拟合实际数据，是 5 个竞争模型中的最优模型，证实了扎根理论研究所提出的二阶三因子模型最为合理。

表 2－7　二阶验证性因子分析拟合指标

模型	χ^2/df	RMSEA	CFI	NFI	IFI	PCFI	PNFI
M4	7.331	0.161	0.681	0.655	0.687	0.486	0.468
M5	1.253	0.032	0.989	0.95	0.989	0.601	0.577
理想值	介于 1～3	<0.08	>0.9	>0.9	>0.9	>0.5	>0.5

4. 信效度检验

如表 2－8 和表 2－9 所示，采用克龙巴赫 α 系数（Cronbach's α 系数）检验量表信度。供应商参与绿色产品创新效能量表的 Cronbach's α 系数为 0.912，其中一阶因子的 Cronbach's α 系数介于 0.853～0.897 之间，二阶因子的 Cronbach's α 系数介于 0.646—0.714 之间，均超过了 0.6 的理想水平，表明量表具有良好的信度。在效度方面，严格遵循扎根理论的方法步骤，不断收集和完善数据，形成量表体系，经过研究小组仔细斟酌、反复推敲，得到供应商参与绿色产品创新效能的初始测量量表，采纳专家的意见和预测试修正量表题项，使题项设定与分布更合理。由此认为量表具有良好的内容效度；所有题项的因子载荷均大于 0.5，各因子的平均方差抽取变异（AVE）值均大于 0.5，组合信度（CR）均大于 0.6，表明供应商参与绿色产品创新效能量表通过了效度检验。

表 2－8　测量量表及一阶因子信效度检验结果

一阶因子	测量题项	因子载荷	α 值	CR	AVE
功能实现	Fv1 供应商为绿色新产品设计功能的实现做出了重要贡献	0.707	0.889	0.892	0.675
	Fv2 供应商在新产品绿色功能实现过程中发挥了关键作用	0.808			
	Fv3 供应商协助我司改进绿色新产品的功能设计	0.883			
	Fv4 供应商协助我司实现新产品绿色功能的升级	0.876			

续表

一阶因子	测量题项	因子载荷	α值	CR	AVE
需求响应	Fv5 供应商能够及时根据创新过程中新产品性能指标的变化做出相应调整	0.779	0.853	0.854	0.596
	Fv6 供应商能够适应复杂动态平衡的绿色产品创新过程	0.688			
	Fv7 供应商能够针对我司的绿色产品创新需求而创新	0.802			
	Fv8 供应商积极探寻协同创新中瓶颈环节的解决方案	0.812			
技术支持	Fv9 供应商为顺利推进协同创新充分配置了技术资源	0.892	0.895	0.897	0.690
	Fv10 在攻克创新难关的过程中，供应商提供了关键性的技术	0.644			
	Fv11 供应商为绿色新产品提出了许多有价值的技术改进建议	0.818			
	Fv12 供应商为绿色新产品提供了许多有价值的技术信息	0.938			
勇于担当	Fv13 供应商与我司均在协同创新中主动承担相关任务	0.807	0.892	0.895	0.741
	Fv14 供应商与我司均在协同创新中全力履行各自的职责	0.841			
	Fv15 供应商与我司均在协同创新中积极践行曾做出的承诺	0.930			
配合默契	Fv16 供应商与我司均在协同创新中从事适合彼此的工作	0.822	0.897	0.9	0.695
	Fv17 供应商与我司在协同创新中的工作氛围和谐	0.838			
	Fv18 供应商与我司均能在协同创新中高效工作	0.713			
	Fv19 供应商与我司均能按照协同工作计划完成相关任务	0.946			

续表

一阶因子	测量题项	因子载荷	α 值	CR	AVE
相互支持	Fv20 供应商与我司在协同创新中开放共享关键技术知识	0.814	0.892	0.893	0.677
	Fv21 供应商与我司在协同创新中相互适应彼此的工作模式	0.822			
	Fv22 供应商与我司在协同创新中均投入了稀缺资源	0.870			
	Fv23 供应商与我司在协同创新中彼此分享其最新发现或创意	0.782			
达成绿色目标	Fv24 通过协同创新，有助于新产品达到减少对自然环境污染的预期目标	0.768	0.897	0.898	0.639
	Fv25 通过协同创新，有助于新产品达到降低对使用者健康危害程度的预期	0.749			
	Fv26 通过协同创新，有助于新产品达到降低产品全生命周期能源及自然资源消耗总量的预期目标	0.811			
	Fv27 通过协同创新，有助于新产品达到易回收、再利用和降解的预期目标	0.874			
	Fv28 通过协同创新，有助于新产品达到通过各项绿色产品认证的预期目标	0.789			
达成市场目标	Fv29 通过协同创新，有助于新产品保持市场竞争力	0.858	0.890	0.892	0.674
	Fv30 通过协同创新，有助于新产品获得目标客户的认可	0.739			
	Fv31 通过协同创新，有助于新产品大规模投放市场	0.850			
	Fv32 通过协同创新，有助于新产品的整体性能优于同类产品	0.832			

注：每份问卷均围绕一组特定制造商-供应商关系展开，其中“我司”指这组关系中的制造企业。

表 2-9 二阶因子信效度检验结果

二阶因子	一阶因子	因子载荷	Cronbach's α 系数	CR	AVE
参与贡献	功能实现	0.720	0.714	0.757	0.512
	需求响应	0.802			
	技术支持	0.612			
协同程度	勇于担当	0.786	0.646	0.768	0.527
	配合默契	0.727			
	相互支持	0.658			
目标达成	达成绿色目标	0.698	0.679	0.680	0.515
	达成市场目标	0.737			

2.5 本章结论

本研究明确了“供应商参与绿色产品创新效能”的内涵,并揭示了该概念内容结构是由参与贡献、协同程度和目标达成 3 个维度构成的多维度概念,弥补了已有研究对供应商参与效能的认识仍局限于单一范畴的不足。供应商参与绿色产品创新效能不仅体现在新产品本身的表现,即绿色产品协同创新目标达成情况(目标达成),还体现在供应商利用自身创新资源能够对绿色产品创新做出的实质性贡献(参与贡献)以及供应商在协同创新中的具体表现(协同程度)。

本研究开发了测量“供应商参与绿色产品创新效能”的量表,为制造商-供应商绿色协同创新理论的进一步发展奠定了基础。采用质性-量化相结合的研究方法,在探讨供应商参与绿色产品创新效能的内涵和结构的基础上,基于扎根理论方法所得的内涵范畴及其解释条目,编制了供应商参与效能的初始量表,并通过基于大样本数据的因子分析修改和完善量表,这样不仅可以使最后的实证结果验证了研究所开发量表的有效性,还佐证了前述扎根理论研究结果的可靠性。该量表还可以为企业开展有关供应商参与绿色产品创新效能的评价实践提供理论参考。

第3章

基于供应商动员的绿色产品协同创新效能提升路径探索

本章基于供应商资源动员的理论研究范式，分别从社会资本、制造商公平、契约治理、制造商权力和供应商开发五个不同的理论视角切入，探索制造企业通过优先获取的供应商资源，进而提升供应商参与绿色产品创新效能的五条路径。

3.1 社会资本、优先获取供应商资源与协同创新效能

供应商会根据与顾客的关系质量对客户划分优先级，并据此对不同客户配给资源[8]。供应商对制造企业的信任能够激励供应商面向制造企业优先投放资源[90]。而信任正是制造商-供应商间社会资本的重要表现形式。在此基础上，笔者认为制造商-供应商之间社会资本很可能对保证供应商参与产品创新的过程中及时充分的投放资源具有重要价值。据此，从社会资本理论视角出发，探索通过制造商-供应商之间结构、关系和认知形式的社会资本，使制造企业获取供应商授予的优先客户地位，进而提升供应商参与绿色产品创新效能的路径。

3.1.1 供应商授予优先客户地位对绿色产品协同创新效能的作用路径探索

相对普通客户而言，制造企业成为供应商的优先客户将被优先给予各种资源，如优先给予制造企业原材料、零部件和服务，以及优先给予制造企业学习和利用供应商新产品的机会[91]。供应商网络视角的研究指出，制造企业获取供应商授予的优先客户地位的意义在于，当制造企业与其竞争对手的供应商网络大面积重合时，制造企业能够动员重合部分供应商将最优秀的员工配置于与制造企业开展的协作，或是将最新的创新成果及其蕴含的技术知识用于满足制造企业的需求，而竞争对手则不可能获得类似待遇[7]。因此，获取供应商授予的优先客户地位有助于制造企业在供应商参与绿色产品创新中，充分和及时地整合供应商的创新资源、能力

和意愿，形成企业自身的竞争优势。

制造企业成为供应商的优先客户后，将能优先获取供应商资源。Pulles 等[36]认为，制造企业能够优先获取供应商资源可以分为实物资源和创新资源两类。其中实物资源包括优质的原料、产品和工具等，优先获取供应商的实物资源对提升绿色产品协同创新效率意义重大；创新资源则包括专利技术、人才、知识和研发设备等，优先获取供应商的创新资源有助于绿色产品协同创新的成功。所以供应商资源的优先配置能够显著提升供应商参与绿色产品创新效能。

Schiele 等[58]基于社会交换理论指出，制造商-供应商关系中，由于制造企业被认为具备了某些特质吸引了供应商，使供应商产生了与该客户建立长期关系能够获取更大收益的期望，为维护这种关系，供应商以优先对待该客户作为回报。同时，研究还发现，期望的高低明显受双方对关系满意程度的影响，供应商期望被满足的程度越高，供应商优先面向制造企业投入资源的意愿就越强[92]。因此，制造企业能否获取供应商授予的优先客户地位关键取决于供应商的收益期望值和供应商对制造企业的满意度（见图 3-1）。

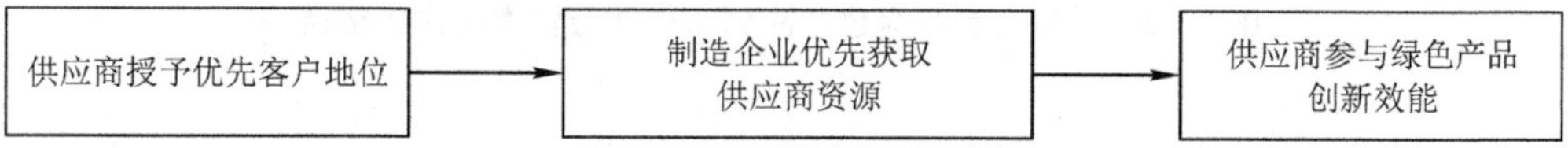

图 3-1 供应商参与绿色产品创新中优先客户地位的作用路径

3.1.2 基于社会资本理论的路径探索

社会资本分为结构、关系和认知三个维度[93]。回顾供应链管理中涉及社会资本的研究，制造商-供应商间的关系社会资本反映了双方彼此信任、共同承担合作义务、遵守协作和团队合作中的规范程度，其中信任是核心[94]。Ellis 等发现，在制造企业的承诺不断向供应商兑现时，供应商会基于制造企业可信而提升对该客户的满意度[76]。而结构和认知维度的社会资本分别反映了制造商-供应商间沟通的密集程度和渠道正式化程度，以及双方目标、认知和文化价值观的相似程度。结构社会资本对双方之间的知识共享的水平具有显著影响，而认知社会资本的积累则能够促进制造商-供应商间理解彼此关注的要点。因而，随着结构和认知维度社会资本的累加，制造商-供应商间沟通的效率和效力大幅提升。Hüttinger 等认为，供应商建立对制造企业可接触性的认知能够提升供应商对制造企业的期望[35]。此外，制造商-供应商之间沟通能够增进彼此间的信任、忠诚以及价值共享[90]。Preston 等则发现，组织间拥有相似的经营哲学和企业文化也有助于双方以更为协调的方式开展工作，在这种协调的氛围下，彼此间的信任感得以逐渐累积[94]。

对已有研究和相关理论进行梳理并结合相关分析，笔者认为制造企业在整合供应商开发绿色新产品的过程中，获取供应商授予的优先客户地位，意味着制造企业能够准确、及时和充分地获取供应商资源，供应商资源的获取对提升企业绿色产品协同创新效能的作用明显。此外，制造商-供应商之间结构、关系和认知形式的社会资本很可能都是影响供应商授予制造企业优先客户地位的关键因素，而不同维度社会资本间还可能存在相互作用的情况。据此，提出社会资本视角下制造企业通过动员供应商资源，提升供应商参与绿色产品创新效能的路径（见图 3-2）。

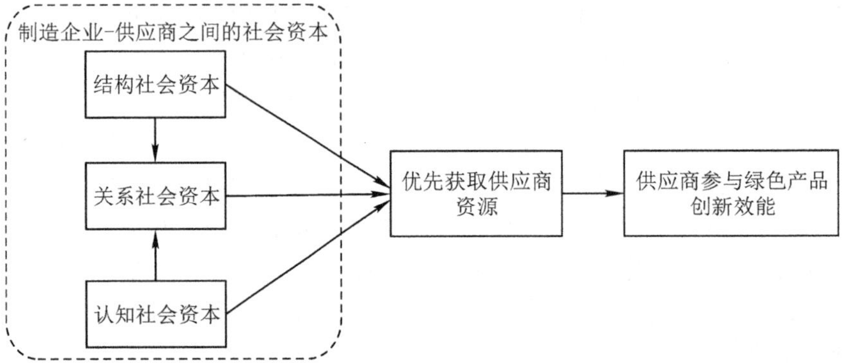

图 3-2　供应商参与绿色产品创新中社会资本的作用路径

3.2　制造商公平、优先获取供应商资源与协同创新效能

3.2.1　基于社会交换理论的路径探索

社会交换理论是指合作一方在确立目标的基础上，对另一方进行有形资源、无形资源的投资以期获得对等的回报，另一方同样会支付同等价值的回报，最终，合作双方达成一致的意见，互惠是社会交换理论的核心原则。社会交换理论表明在企业合作中一方履行对另一方的服务并期望得到回报，而另一方则有义务以回报换取服务。只有合作一方珍惜和回报另一方的努力，双方才能实现合作利益。关系互动中的报酬或对报酬的期望决定了交换双方维持关系的动机。基于此，当合作一方感知公平时，便会激发想要与另一方建立长期合作导向的意愿，实施增强合作关系的行为。反之，则会产生敌意、丧失信任、消极怠工等消极情绪与行为[95]。

由于供应商参与绿色产品创新的未知风险，供应商会通过对未来收益的预判、合作关系的评估而对制造企业采取合适的态度与行为。供应商感知分配公平表明制造企业会按照供应商对项目的实际付出而合理分配报酬；供应商感知程序公平表明供应商在与制造企业合作的过程中有参与感、决策的制定、程序实施等均按照合理的流程实施[96]。供应商出于对制造企业的良好感知愿意与制造企业加强合作关系，减少对制造企业采取机会主义的敌意感知，由此增加对制造企业的好感度,提升了合作态度[97]。供应商对制造企业的满意度不断增加会显著提升信任感,相信制造企业不会做出有损合作关系的行为以及可以领导实现绿色产品创新的能力[37]。供应商对制造企业的良好合作关系同样会促使建立长期合作导向,以此达到共赢[98]。

目前,供应商对制造企业的信任促使供应商产生与制造企业长期合作的意愿已经达成了共识。供应商可能会为了更具有价值的回报,选择提升协同绿色产品创新的参与感,向满意的制造企业优先配置绿色资源。绿色资源分为绿色实物资源(如稀缺原料)和绿色创新资源(如专利知识)两类。供应商绿色实物资源的优先配置,能够使得绿色产品在协同创新中顺利通过政府或者第三方机构的认证,提高绿色产品协同创新价值的评价。供应商绿色创新资源的优先配置,能够使得相关绿色技术知识在协同创新中得到补充,提高绿色产品协同创新的效率[36]。因此,供应商绿色资源的优先配置提升了供应商参与绿色产品的创新效能。

因此,基于社会交换理论的分析,笔者认为制造商公平、优先获取绿色资源、供应商参与绿色产品创新效能之间必然存在一定的联系,如图 3-3 所示。

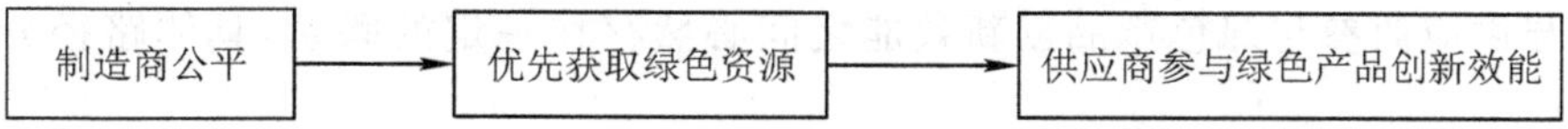

图 3-3 供应商参与绿色产品创新中制造商公平的作用路径

3.2.2 基于"感知—态度—行为"理论框架的路径探索

现实中,制造企业想要实现绿色产品创新单靠企业自身的资源是无法实现的,因此有效利用关键供应商的资源十分重要。关键供应商面对未来技术不确定,参与绿色技术开发、绿色实物资源的配置普遍存在积极性不高的问题[99]。供应商感知公平是供应商决定与制造企业进行交易的基本感知。根据社会交换理论,供应商感知公平代表相互性与互惠性,使得供应商产生信任,利于减少协作过程的任务冲突[100]。另外,有实证研究表明公平促进双方进一步的情感联系和建立长期的合作导向,促进合作企业间关系承诺的产生[95]。Zografos 等和 Jokela 等强调供应商与制造企业间的公平对关系承诺是循环的关系,表明供应商感知公平促进关系承诺的产生,关系承诺同样有利于供应商感知公平[100-101]。企业间存在良好的合作关系会增强供应商的合作满意度,促进双方展开频繁的沟通与交流,利于知识的转换,提高协作的有效性[100]。现有文献将组织之间的公平分为分配公平与程序公平两个维度。分配公平强调付出与结果是否成正比,而程序公平强调在合作过程中任务分配、冲突解决、程序规范等过程中的公平。

根据资源依赖理论,资源的异质互补性是制造企业积极动员供应商参与绿色产品创新的动机之一,异质资源的互补性越强,制造企业的动机越强烈,潜在的合作机会越大[102]。然而，面对未来实施绿色产品创新的技术不确定性、未知风险较大，供应商往往出现参与贡献不足的问题。制造企业只有加强供应商的正面感知，增强合作关系，才有利于早日实现绿色产品创新。供应商感知收益合理、合作程序透明，便会增强合作关系的满意度，提升信任感与关系承诺[98]。大量实证研究表明供应商与制造企业的信任关系会促进关系承诺的产生[98]。当供应商感知制造企业具有成长潜力、创新潜力、卓越的营业能力、可依赖等优势时会增强供应商感知满意度，相较于其他制造企业，供应商会将其处于优先客户地位，优先满足其需求，例如，优先配置资源[37]。李勃指出供应商与制造企业之间的信任、规范、认可等关系社会资本加强了供应商想与制造企业继续维持合作关系的决心，促进供应商授予其优先客户地位，积极应对制造企业的技术资源的需求[71]。一旦好感度满足供应商对制造企业的期望值时，便会促使供应商授予制造企业优先客户地位，进而优先配置绿色资源，提升供应商参与绿色产品创新效能。

综上所述，从现有文献分析，基于社会交换理论与资源动员理论可知，供应商感知公平会对供应商的态度与行为产生影响，供应商参与绿色产品创新中制造商公平与供应商参与绿色产品创新效能之间必然存在一定的联系，具体路径分析见图 3-4。

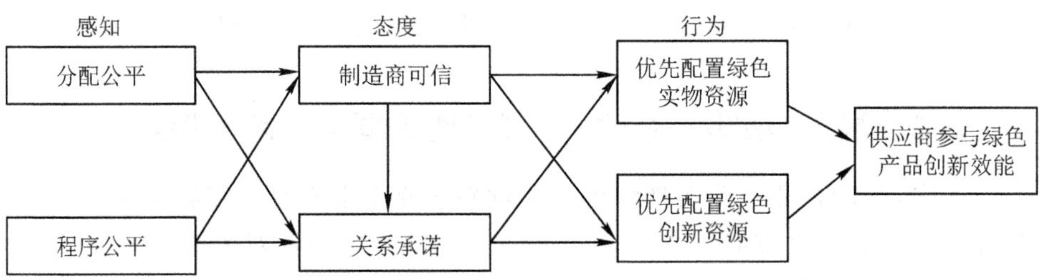

图 3-4 “感知—态度—行为”理论框架下供应商感知公平的作用路径

3.3 契约治理、优先获取供应商绿色创新资源与协同创新效能

Schiele 等认为供应商向特定客户优先配置资源是供应商感知该客户吸引力的结果[103]，也就是说相对于其他的客户而言，供应商认为与重点客户建立交易关系更具有吸引力，并且愿意向其优先配置资源[76]。在实际的新产品开发项目中，供应商会产生机会主义行为预期，出于自身利益的考虑，供应商很可能会创新性不足，这将阻碍联合创新项目的成功。梳理最新研究发现，通过契约对供应商进行激励可以获取创新知识，有益于创新的实现[104-105]，并且对交易绩效有正向影响[106]。Ebers 和 Semrau 指出，制造商-供应商之间的信任、契约安全性、权力不平衡性以

及权力各方之间互动的情况都能驱动供应商创新资源的转移[107]。

3.3.1 契约治理与优先获取供应商绿色创新资源

成功的供应链关系是企业竞争优势和卓越企业绩效的关键来源，制造企业与供应商之间的关系可能会遭受机会主义行为或协调失灵的困扰。在供应链中，机会主义主要体现在向竞争对手提供专有信息、不遵守承诺或减少协作努力等，这些行为会阻碍各方的努力，并抑制创新[108]。供应商参与绿色新产品开发是开放式创新的一种组织形式，相对于传统创新和封闭式创新，供应商参与绿色产品创新更需要通过治理来实现组织间资源最优配置和降低机会主义行为[109]。研究表明，供应商治理通常通过两类治理机制——正式治理（例如契约）和关系治理（例如信任）来降低机会主义的风险[105]。前者侧重于正式的书面契约来协调公司之间的合作，后者则侧重于社会嵌入在经济活动中的作用，使用共同的社会规范来指导交易伙伴之间的行为。

在制造企业与供应商协同创新过程中，契约治理主要集中在有关冲突、机会主义行为、知识共享以及协同创新结果和绩效之间的关系的研究，但是研究结果存在争议。例如，Luo 等认为契约对创新有积极影响[110]，王清晓则发现契约治理的程度越高就越不利于知识共享和创新[111]。Song 等认为通过契约治理有助于隐性知识的获取，增加了对合作伙伴的信心，有利于降低机会主义的风险[112]。Inkpen 等和 Jap 等研究则认为契约本来就意味着对合作伙伴的不信任，可能会引发机会主义行为和冲突，从而降低合作绩效[113-114]。此外，目前涉及契约条款研究通常关注了契约条款的详细程度，例如 Clauss 和 Bouneken 认为契约复杂性对协同创新绩效有正向影响，当企业间面临的机会主义风险较大时，应该制定完备的契约来保障双方的合作，以此来提升绩效[65]。这些研究认为过于详细的契约将致使合作缺乏灵活性，以致契约治理变得过于僵化而无法应对环境变化以及缓解机会主义，当契约涉及长期的合作时，这种僵化就会放大，因为在这种情况下，诸如一些突发事件和政府政策等环境因素在很大程度上是不可预测的[115]，过于复杂的契约会增加缔约成本，妨碍制造企业和供应商之间的知识转移活动和信息交流，而且过于复杂的契约被视为不信任的信号，这将不利于隐性知识的转移和协同创新[108]。近年来，有研究根据契约的具体内容对契约的形式进行了区分，Bai 等将契约划分为基于产出的契约和基于行为的契约[116]。

根据缔约的总体目标和思路，本研究将契约的形式可以分为过程控制型契约和目标激励型契约。过程控制型契约强调合约对合作过程中双方行为及权责划分的阐释详细且精准，反映了买方对过程和程序的关注程度，明确规定了供应商必须遵循的特定生产流程和程序。目标激励型契约强调合约对合作伙伴绩效目标以及相应奖励的阐释清晰明确。据上述相关研究的分析，我们可以发现契约治理会对供应商资源优先配置产生一定的影响。

3.3.2 优先获取供应商绿色创新资源与绿色产品协同创新效能

基于供应商动员领域的研究，制造企业需要提高自身吸引力来提升供应商对协作的满意度，以此激励供应商为其提供更多关于绿色产品创新的服务和支持[37]。例如，Christiansen 等对几个丹麦公司进行了案例研究，这些公司开始关注自身吸引力，试图成为大型国际供应商的“有趣客户”[117]。Mortensen 等认为客户对供应商的吸引力可能不是静态的，制造企业要关注供应商对其的满意程度，因为满意程度直接关系到双方交易关系的质量，最终影响价值创造的实现[118]。Benton等通过实证研究提出供应商满意度可以提高供应商绩效，进而使制造企业和整个供应链受益，该研究强调了关系驱动对供应链的重要影响[119]。Helm 等分析得出，对供应商吸引力较低的客户会最终停止提供服务。在绿色产品创新过程中，制造企业可以通过提高自身吸引力以保障供应商绿色创新资源的优先配置，成为供应商的“有趣客户”[120]。具体来说，供应商绿色创新资源优先配置可以确保绿色产品相关知识和信息的开放交流，从而为组织的创新能力提供基础。供应商会积极参与和投入绿色创新资源到产品开发和制造过程的改进。供应商可以为其优先安排，将其掌握绿色技术知识的员工与该客户共享，用于绿色创新的关键技术信息、研发设备和绿色创新想法，并且根据合作伙伴的绿色产品创新意愿调整自己的能力[37]。

供应商优先对制造企业配置绿色创新资源，对绿色产品开发项目的成功至关重要。这是因为，绿色产品创新往往具备较高的复杂性和新颖性，与传统设计差别较大，这就意味着对部分原材料以及零部件的更新需求较快。通过合作，供应商可以根据制造企业创新需求为其提供关键技术、研发设备和创新人才，以此来降低绿色产品协同创新风险，最终达到创新效率的提升。此外，绿色产品的评判标准还未统一，绿色产品协同创新有“双重外部性”，这决定了绿色产品很难被用户体验以及发现，往往需要第三方或者政府进行创新评价，因此，制造企业对拥有关键绿色创新技术的供应商的需求十分迫切，它可以保证企业获得相关认证，创造出受市场认可的绿色产品。总之，供应商向制造企业优先配置绿色创新资源增加了供应商实际的创新贡献，对提升绿色产品协同创新效能具有重要价值[80]。

综上，根据对以往相关研究的分析，在供应商参与绿色产品协同创新过程中，正确选择契约形式会使制造企业优先获取供应商绿色创新资源，进而对绿色产品协同创新效能产生一定正向的影响。本研究认为图 3 - 5 所示的路径关系是成立的，即契约治理通过影响优先获取供应商绿色创新资源，进而影响供应商参与绿色产品创新效能。

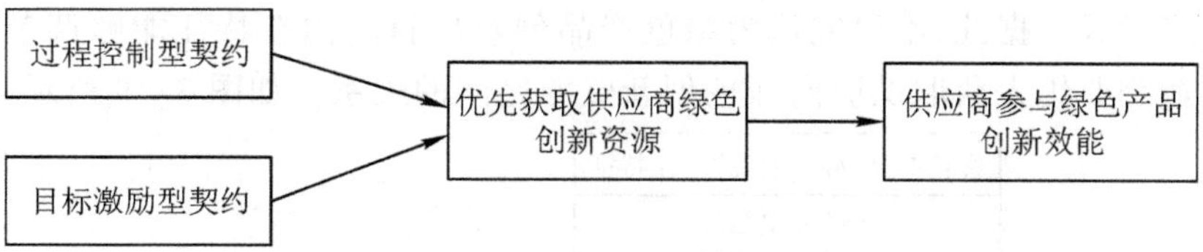

图 3－5　供应商参与绿色产品创新中契约形式的作用路径

3.3.3 供应商参与绿色产品创新项目特征及其影响的理论探索

相关研究认为支持绿色产品创新的技术具有更高的复杂性和新颖性，这将导致协同创新任务面临更大的不确定性和风险[16]，更好地管理任务不确定性的需求推动了供应商的协作，与传统创新相比，发展绿色创新需要在更大程度上与外部利益相关方合作来增强自身的能力[5]。但与此同时，依靠供应商来完成不确定性任务会造成信息不对称，并为机会主义留有余地。

研究表明协同创新任务特征（产品复杂性和技术新颖性）会导致供应商机会主义，供应商机会主义则可能导致新产品开发的失败[121,122]。首先，产品复杂性是指相对于同类型或替代产品，复杂的产品拥有大量的零件和组件，这些组件彼此共享许多设计接口，并且在开发中需要高度差异化的专业知识。较高的产品复杂性增加了定义产品规范的难度，可能导致更高的成本和更低的速度、可靠性、质量和灵活性，因为即使许多组件和材料中的一个很小的问题也会影响到整个产品。这可能会增加产品交付的不确定性以及产品性能不佳的风险。因此，开发复杂新产品项目通常与高度可变的绩效相关[123]。其次，技术新颖性是指研发项目的产品模块、产品配置和产品技术的新颖程度。新技术尚未在市场上测试可取性和可靠性，这降低了预测市场规模和产品获利能力的能力。技术上的新颖性也使项目绩效难以预测，技术新颖性通常意味着合作双方面临着更大的不确定性和风险[124]。总的来说，产品复杂性和技术新颖性都会增加研发项目的不确定性，很难判定项目失败是因为合作伙伴不努力还是外部环境原因，供应商可能会逃避责任，企业也很难发现供应商的机会主义行为。

基于以上分析，绿色产品创新项目的内在特征（产品复杂性和技术新颖性）会催生协同创新中的机会主义行为，从而影响契约治理的有效性。因此，在供应商参与绿色新产品开发背景下，研究企业如何进行以契约形式设计动员供应商绿色创新资源时，应该充分考虑绿色产品创新项目的内在特征存在的调节作用。

结合上述理论分析，笔者初步认为，制造商-供应商绿色产品创新中，恰当选择契约形式能够促使供应商优先面向绿色产品创新投入绿色创新资源，进而使供应商的创新性得到有效激发。由于绿色产品创新的特殊性，绿色新产品之间的复杂性和新颖性存在较大差异，需要供应商承担的风险也不尽相同，很可能也会影响契约的最终形式。据此，本研究认为绿色产品创新项目的内在特征能够调节契约形式与制造企业优先获取供应商绿色创新资源之间的关系。如图 3-6 所示。

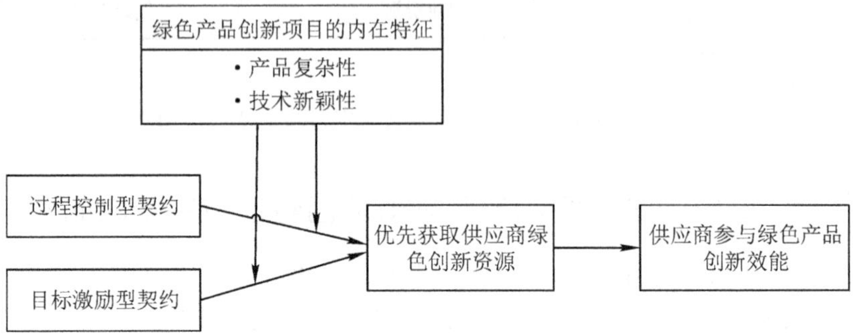

图 3-6 供应商参与绿色产品创新项目内在特征的影响

3.4 制造商权力、优先获取供应商资源与协同创新效能

目前，有关制造商权力的研究开始关注资源动员理论。资源动员理论起源于社会学，是有关组织动员社会资源开展社会运动的重要理论[125]。目前，资源动员理论及方法已经被引入企业管理领域，用于开展企业间资源动员及产品创新研究[126-127]。由于供应商差异化对待不同制造企业的情况非常普遍，如何动员供应商积极配合制造企业已成为不可回避的问题。针对这一现实问题，逐渐形成了有关供应商资源动员的研究，以期为企业优先获取供应商的人、财、物、知识等资源提供理论指导[33]。由于供应链管理研究的特点，Ellegaard 和 Koch[33]、Ramsay 和 Wagner[64]、Schiele 等[128]重塑了供应链情景下的资源动员理论，指出成为有吸引力的客户能够帮助制造企业优先获取供应商绿色创新资源，进而提升企业的核心竞争力。Pulles 等[36]认为企业可以动员供应商创新资源（包括专利技术、人才、知识和研发设备等），优先获取供应商的创新资源将有助于制造企业的产品创新能力的提升。制造企业赢得供应商授予的优先客户地位，将得到供应商在资源配置上的优待[128]。

“权力”是供应商对客户划分优先级的重要依据[129]。供应链中的权力有惩罚权、奖赏权、专家权、感召权和法定权五种具体形式[130]，制造企业使用特定权力组合操控和引导供应商，使企业优先获取供应商资源。制造企业对供应商的权力可以分为媒介权和非媒介权两大类[130]。其中，惩罚权和奖赏权属于媒介权力，专家权、感召权和法定权属于非媒介权力。

3.4.1 制造商媒介权力的作用路径探索

媒介权可根据制造企业的特定目标而被主动使用，包括反映供应商违背制造企业要求时，制造企业对供应商实施处罚或威胁的惩罚权，以及反映供应商遵照制造企业要求时，对供应商进行奖励的奖赏权[126,62]，供应商为了躲避惩罚或赢得奖励很可能会选择对制造企业优先配置绿色创新资源；优先获取供应商的绿色创新资源有助于在绿色产品协同创新中及时补充相关技术信息，降低研发风险，从而克服由于追求绿色化产品而导致的协同创新效率问题，进而提升供应商参与绿色产品创新效能。

基于以上分析，笔者认为媒介权力的使用很可能促使制造企业优先获取供应商绿色创新资源从而对供应商参与绿色产品创新效能产生显著影响，如图 3－7 所示。

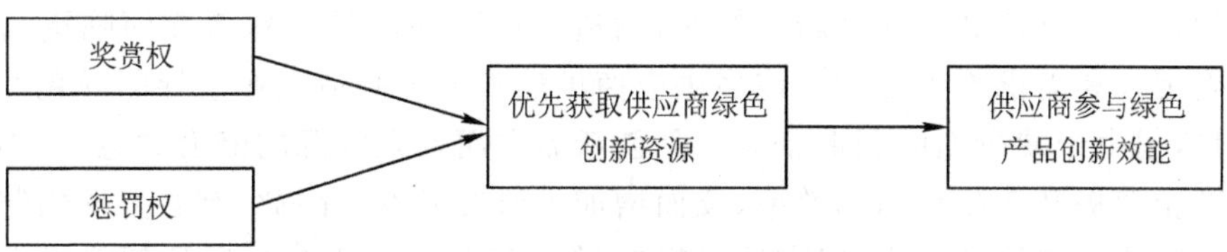

图 3－7 供应商参与绿色产品创新中制造商媒介权力的作用路径

3.4.2 制造商非媒介权力影响的理论探索

非媒介权力是制造企业成为有吸引力客户的关键驱动因素[127]。供应商会综合自身发展战略、客户声誉、能力和权力等多种因素对客户划分优先级，并据此差异化对待不同客户对其绿色创新资源的需求[127]。非媒介权力主要源于供应商对制造企业的认知，其中专家权反映了供应商对制造企业专业能力的欣赏；认同权反映了供应商对制造企业的尊重和价值观的认同，法定权反映由于法律、科层关系和合约等原因，导致供应商将接受制造企业影响视为义务的感知[131]。非媒介权力的使用很可能会改变供应商对制造企业的认知，进而改变对供应商行使媒介权力的态度。

基于以上理论基础，笔者初步认为制造企业使用权力能够影响供应商面向制造企业配置资源的决策，进而决定了供应商参与绿色产品创新中，制造企业能否优先获取供应商绿色创新资源；如果制造企业能够通过恰当的权力组合策略优先获取上述资源，将显著提升绿色产品协同创新中供应商对创新的实际贡献水平，从而使制造企业的绿色产品协同创新效能得到提升。据此，制造企业单独或组合使用不同类型权力对企业优先获取供应商绿色创新资源，进而提升供应商参与绿色产品创新效能的路径，如图 3－8 所示。

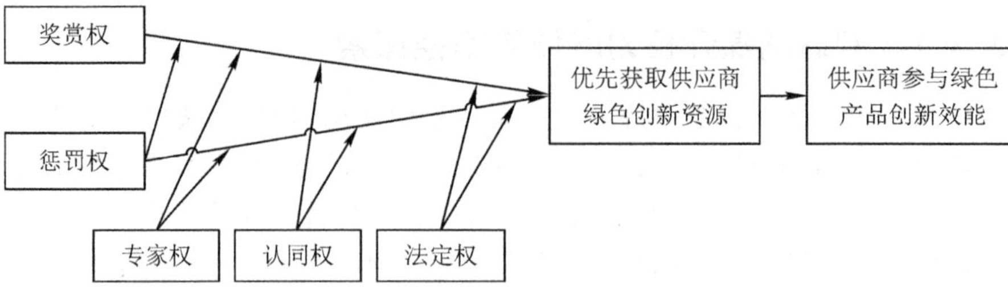

图 3-8 供应商参与绿色产品创新中制造商权力组合的影响

3.5 供应商开发、优先获取供应商资源与协同创新效能

供应商参与绿色产品创新预期效果的实现，离不开供应商针对制造企业产品创新的特定需求开展协同创新。然而，制造企业开展产品创新需要面临更高的技术不确定性和需求不确定性。许多供应商虽然参与了制造企业主导的绿色产品创新项目，但由于缺少面向制造企业产品创新需求而投入资源的能力和意愿，不仅无法帮助企业提升产品创新的效率，反而增加了研发成本。因此，有必要探索制造企业的特定跨组织管理行为，以期通过提升供应商面向制造企业产品创新需求配置资源的能力和意愿，提升制造企业的绿色产品协同创新效能[132-133]。

3.5.1 供应商开发的作用路径探索

绿色产品协同创新是指在产品设计、生产和营销环节中引入绿色理念，尽可能降低新产品在其全生命周期（包括生产、分销、使用和回收/报废等阶段）中的能源消耗，并最大限度减少新产品对人身健康和自然环境负面影响的产品创新实践[95,105]。Dangelico 梳理已有研究发现，管理模式、关系质量、资源与能力、流程开发四个方面与绿色产品协同创新的成功关系最为密切[10]。基于资源与能力的视角，由于绿色产品创新的系统性、非体验性和复杂性特点，绿色产品创新的成功比普通产品创新更依赖于外部组织的协同[98]。相对科研院所和客户等外部机构，供应商的市场导向使其能够更迅速地了解制造企业产品创新的需求，并且能够在企业新产品研发与投产衔接中发挥重要作用[102]，同时供应商与产业链下游企业合作经验丰富，熟悉制造企业的技术和需求，了解制造企业生产和运营模式，故而供应商的参与不仅能够降低绿色产品创新的风险，还能有效提高创新成功率[20]。

但已有研究也发现，供应商的参与也有可能导致创新效率降低并增加研发成本[134]。即使供应商具备某些制造企业需要的技术专长，也不排除其仍然存在某些影响双方协同创新的短板，例如该供应商不能或不愿将新技术融入客户需要的绿色新产品中，或是适应制造企业绿色新产品量产后供应链管理的要求[133]。同时，由于协同创新项目团队成员来自不同的公司或技能组，如果供应商不能有效地推进跨组织协调，绿色产品创新协同工作也无法按照预期顺利展开[19]。为避免由于供应商相关能力或意愿的缺失，对制造企业的绿色产品创新造成负面影响，制造企业可以选择更换供应商，也可以使相关零件或原材料内部化（如收购供应商）。但上述两种方案显然都需要制造企业承担高昂的交易成本和转换成本。当供应商相关能力及意愿的缺失并不十分严重且供应端竞争又比较激烈时，制造企业选择开发现有供应商，提升该供应商面向企业产品创新需求的创新能力和意愿显然更为可行[132-133]。

供应链管理的研究认为，供应商开发是指制造企业通过向供应商提供建议、信息、技能、指导和协助，使供应商按照制造企业需求实现相关绩效或能力提升的一种供应链管理实践[135-136]。根据是否需要制造企业直接投入专用性资产，供应商开发行为可分为直接供应商开发和间接供应商开发，其中直接供应商开发包括共享技术知识和组织惯例，通过直接投入人员、设施和资金帮助供应商达到制造企业供应链管理的要求，而间接供应商开发通常表现为制造企业促使供应商主动适应制造企业供应链需求的奖惩机制和考核评价机制[137-138]。绿色供应商开发更侧重于提升供应商绿色能力[139]。制造企业通过绿色供应商开发，能够促进双方共同解决问题能力的提升，从而有效防范制造企业的绿色产品出现设计错误、质量缺陷和技术故障等问题[140]。绿色供应商开发不仅可以提高供应链的绿色化程度，还能帮助制造企业提高绿色产品的竞争力[141]。但已有研究基本都是围绕制造企业实现供应链的绿色化展开，还没有研究专门针对制造商-供应商绿色产品创新协同的情景，探析直接和间接绿色供应商开发对供应商资源的优先获取的影响，以及不同形式绿色供应商开发的协同效应。

大量研究表明，激发供应商资源的优先获取能够显著提升绿色产品协同创新效能。首先，优先获取供应商资源有利于供应商与制造商进行绿色技术知识和资源基础的补充，为提升制造企业进行绿色产品协同创新效能做出贡献。其次，供应商资源的优先获取反映了供应商为制造企业进行产品创新做出贡献的意愿，是供应商主动与制造企业共享绿色技术知识信息、协同企业进行创新的推动力，在制造企业主导的绿色产品协同创新中推动其供应商积极向制造企业提供绿色技术支持与帮助。本研究拟探索绿色供应商开发通过供应商资源的优先获取对供应商参与绿色产品创新效能的影响，根据以上论述，初步判定绿色供应商开发、供应商资源的优先获取和供应商参与绿色产品创新效能之间的关系如图 3－9 所示。

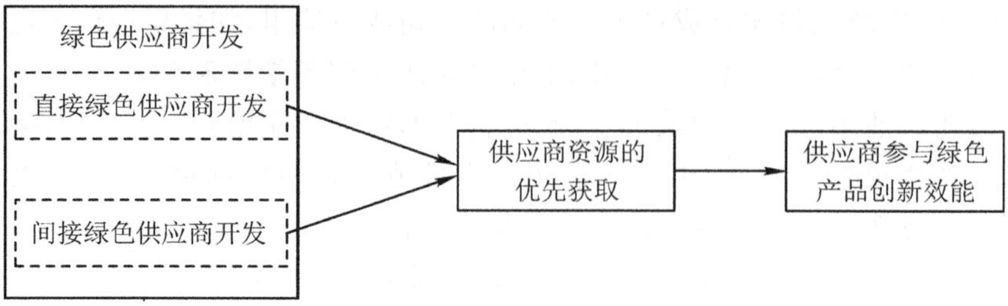

图 3-9 供应商参与绿色产品创新中绿色供应商开发的作用路径

3.5.2 供应商参与绿色产品创新中组织匹配影响的理论探索

基于组织匹配理论，供应链企业之间的组织匹配包括组织互补和组织兼容两方面，供应商与制造企业作为两个独立组织之间的兼容和互补可以促进公开信息的交流，提升双方合作效率，还能提高合作成功率[142]。制造商-供应商之间的兼容涵盖双方技术兼容、文化兼容性和目标一致性[143]，互补是指双方的核心业务或能力之间的差异或相互依赖，以及制造企业或供应商贡献独特的优势和资源的程度[144]。最新研究发现，供应商适配制造企业的组织能够提升企业间资源的利用效率，缓解环保创新资源匮乏的状况，使制造商-供应商之间协同效应最大化[145]。然而，供应商组织兼容和组织互补作为供应商适配制造企业组织的两个维度，已有研究尚未探明在供应商参与绿色产品创新过程中，供应商组织兼容和组织互补可能产生的调节作用及其作用形式的异同，以致制造企业无法根据核心供应商组织适配的特点，有针对性地设计能够有效开发供应商参与绿色产品创新效能的绿色供应商开发策略。

基于以上理论分析，笔者初步认为，供应商参与绿色产品创新中，在适当的组织匹配条件下，制造企业通过供应商开发能够优先获得供应商资源，进而使供应商参与绿色产品创新效能得到显著提升。据此，本书提出供应商参与产品创新中，基于供应商开发的供应商资源动员路径，如图 3-10 所示。

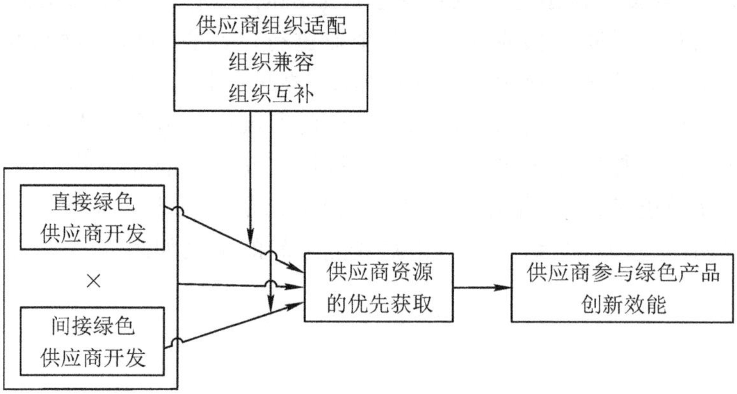

图 3-10 供应商参与绿色产品创新中组织适配的影响

第4章

社会资本视角下绿色产品协同创新效能的提升路径研究

本书3.1节对供应商参与产品创新情境下社会资本对绿色产品协同创新效能的作用路径进行了初步理论探索。本章将进一步提出相关研究假设和理论模型，揭示不同维度社会资本之间的相互作用关系，以及不同维度社会资本对制造企业优先获取供应商资源的作用，并在此基础上探明社会资本对供应商参与绿色产品创新效能的作用路径。

4.1 基于社会资本的效能提升路径模型构建与假设

制造商-供应商之间结构维度的社会资本反映了双方通过正式化的渠道及时共享信息的程度[146]。基于企业调研发现，由于制造商-供应商间在竞争力、企业规模和权力等方面的差异，对合作重点和合作模式往往存在分歧。如果制造商和供应商能够为了达成某种商业目标而及时开展交流，有助于双方逐渐建立彼此认同的团队协作规范。此外，通过正式化的沟通渠道开展交流不仅有利于双方共同承担合作义务，还为制造企业和供应商之间建立专业化的商业合作提供了基本保障，而合作的专业化也能增进彼此间的信任[94]。也就是说，制造商-供应商间结构社会资本的增加，确保了制造企业与供应商沟通的速度和正式化程度，在此基础上双方的合作关系也将变得更为规范和专业，从而增加了彼此间的互信，而组织间相互信任正是关系维度社会资本的核心。据此，提出如下假设：

H4－1a：制造商-供应商之间的结构社会资本正向影响关系社会资本。

制造商-供应商之间认知维度的社会资本反映了双方拥有相似的愿望、认知和文化价值观。当面临挑战和机会时，一致的愿望、认知和价值观使制造企业和供应商能够开发出共同知识，从而为彼此之间的合作关系树立一致的目标[147]。而相似的目标则有助于双方抵制机会主义行为的诱惑，使合作规范能够被贯彻落实。当制造企业与供应商围绕着共同奋斗目标而努力时，彼此间的信任也将在这样的关系中得以发展[94]。此外，企业间拥有相似的经营哲学和文化有助于双方以更为协调的方式开展协作，在这种协调的氛围下，彼此间的团队合作意识得以逐渐累积。因此，制造商-供应商间认知维度的社会资本的累积有助于双方关系社会资本的增加。据此，提出如下假设：

H4－1b：制造商-供应商之间的认知社会资本正向影响关系社会资本。

开放快速的信息共享是反映制造商-供应商间结构社会资本的核心，高水平的信息共享显示制造企业合作的诚意，意味着良好的关系行为和关系氛围，能够增强供应商对与制造企业合作获取关系收益的预期[148]。此外，制造商-供应商间员工多触点的交往，提高了彼此间知识交换的多样性，提升了知识交换的频率和广度。信息和知识获取速度的加快使供应商能够与制造企业一同成长壮大。基于社会交换理论，组织间合作以互惠互利作为基本规则，如果关系中的一方被另一方给予的关系收益所吸引，为了维系该关系，随后它会证明自己也能吸引对方。也就是说，制造商-供应商之间关系中，制造企业能够通过开放快速的信息共享使供应商获益，而供应商则通过授予制造企业优待的方式获得客户认可，从而维系与制造企业的关系。据此，提出如下假设：

H4－2a：制造商-供应商之间的结构社会资本正向影响供应商授予制造企业优先获取供应商资源。

认知维度的社会资本源于制造商-供应商间共同的规范、价值观、态度与信仰。Nahapiet 和 Ghoshal 指出，如果组织间语言和编码存在差异，会导致彼此分离及限制他们接近的机会[93]。反之，制造商-供应商之间具有相似的互动方式，有助于企业间避免沟通误解，使制造商-供应商间发起的协同和协作更为灵活和高效；在此基础上，也使制造企业在与供应商的协作中，决策的准确性和效率明显优于竞争对手，有助于制造企业赢得供应商授予的优先客户地位；此外，基于对彼此目标和需要的理解，还有助于供应商开展需求预测并制定产能规划，可靠的需求预测和准确的产能规划能够减少供应商风险，从而使供应商以有利于制造企业的方式展开供应行为[8]。据此，提出如下假设：

H4－2b：制造商-供应商之间的认知社会资本正向影响制造企业优先获取供应商资源。

制造商-供应商之间的关系维度的社会资本指通过关系创造和利用的资产，包括信任、规范、认可等，而信任是最为常用的关系社会资本[149]。供应商对制造企业的信任包括情感信任和能力信任两个方面。供应商对制造企业有关人员的情感信任，有助于建立供应商对制造企业可预测性和可靠性的认知[150]；在此基础上，也有助于化解双方协作过程中的冲突，保障企业间的协同与协作能够达到预期效果；同时还有助于降低供应商对制造企业机会主义行为风险的感知，使供应商相信制造企业将对其贡献进行公平的利益分配，从而愿意在知识、技术等资源的配置上优先对待制造企业。此外，供应商对制造企业的经验和能力的信任决定了供应商对与制造企业开展合作取得成功难度的预期[36]。实际调研发现，授予制造企业优先客户地位是供应商对制造企业的强关系承诺行为，包括大量关系专用性资源的投入，考虑到关系专用性资产回收困难的特点，如果供应商对制造企业能力缺乏信任，授予制造企业优先客户地位无疑将增加供应商承担的风险。因此，制造商-供应商间关系社会资本的积累，将促使供应商将制造企业作为优先客户对待，进而使制造企业优先获取供应商资源。据此，提出如下假设：

H4-2c：制造商-供应商之间的关系社会资本正向影响制造企业优先获取供应商资源。

制造企业获取供应商授予的优先客户地位，意味供应商参与绿色产品创新中，制造企业将优先获得供应商的技术和组织资源[8]。例如，针对制造企业绿色产品创新的需求派遣最优秀的员工，从组织形式上适应制造企业的绿色产品创新，优先给予制造企业长期合作承诺和改进建议，优先使用供应商的绿色技术和创新成果等。而制造企业大部分竞争对手短期内无法获取此类资源。也就是说，制造企业成为供应商的优先客户后，供应商将充分及时地提供各种形式的资源支持制造企业开展绿色产品创新，从而使制造企业能够将供应商的资源和能力内化为企业自身的产品创新优势[92]。此外，实际调研发现，制造企业成为供应商的优先客户后，优先获取的不仅是原材料、零部件和服务等通用型资源，还包括优先获得供应商关系专用性资源的投入，如专门针对制造企业绿色需求而进行相关工艺、材料和组织机构的创新，专门为制造企业绿色新产品开发的关键技术等，这不仅保证了绿色产品创新的速度和质量，而且更有针对性。据此，提出如下假设：

H4-3：供应商参与绿色产品协同创新中，制造企业优先获取供应商资源正向影响供应商参与绿色产品创新效能。

对已有研究和相关理论的梳理并结合对实际情况的分析，本研究认为供应商参与产品创新的过程中，制造企业优先获取供应商绿色创新资源对提升绿色产品协同创新效能意义重大，而制造商-供应商之间结构、关系和认知形式的社会资本很可能都是影响制造企业优先获取供应商资源的关键因素，而不同维度社会资本间还可能存在相互作用的情况。据此，提出本研究的理论模型（见图4-1）。

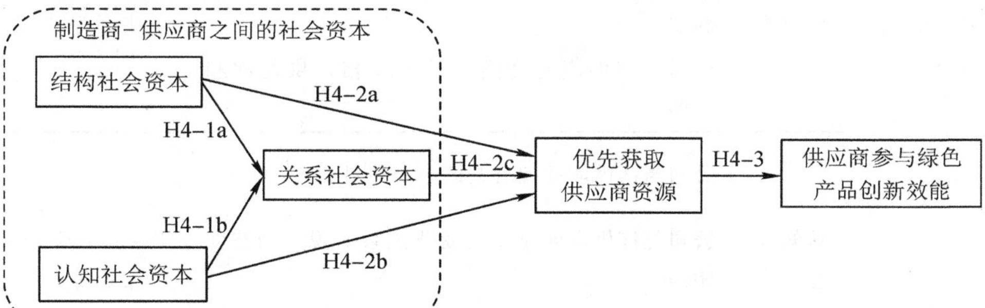

图4-1 基于社会资本的效能提升路径理论模型

4.2 社会资本视角下的实证研究设计

4.2.1 研究变量的量表编制

基于对国内外学者研究成果的全面梳理，结合调研访谈以及供应商视角研究的特点对研究变量进行操作化定义，完成测量量表的初始化设计。与此同时，征求从事产品创新与供应链管理研究的专家和企业相关管理人员的意见对量表进行修改。为了保证量表设计质量，将量表进行小规模试验性发放，根据测量实际情况和受测对象反馈对测量量表进行最后修改，最终形成用于本研究的测量量表。研究主要采用李克特五级量表测量各潜变量，其中 1 表示非常不同意，5 表示完全同意。研究涉及变量的测量量表见表 4－1。问卷中“该客户”是指受测人员熟悉的某个客户，由于受测人员均从供方视角回答有关制造商-供应商间关系的问题，因此“该客户”也代表制造企业。

表 4－1 变量的操作化定义

变量		测量题项	文献基础
制造商-供应商之间的社会资本	结构社会资本	公司与该供应商在多个层面上均存在正式化的交流	Preston 等[158]；刘婷和郭海[159]
		公司频繁地与该供应商开展基于正式渠道的交流	
		公司与该供应商经常就重大议题进行开诚布公的沟通	
	关系社会资本	公司与该供应商在商业和个人层面上均能做到相互信任	刘婷和郭海[159]；韦影等[161]
		公司与该供应商进行决策时均能考虑到对方的利益	
		公司与该供应商之间尽可能互相提供便利和帮助	
	认知社会资本	公司与该供应商拥有共同的奋斗目标	Preston 等[158]；韦影等[161]
		公司与该供应商对双方商业关系的观念和态度相同	
		公司与该供应商拥有相同的企业文化和价值观	

续表

变量	测量题项	文献基础
供应商参与绿色产品创新效能	该供应商参与我司绿色产品创新时，与我司开放共享关键技术及最新知识	第 2 章研究得出
	该供应商参与我司绿色产品创新时，总是能履行其有关产品创新的职责和承诺	
	该供应商参与我司绿色产品创新时，对新产品的最终功能实现发挥了关键作用	
	该供应商参与我司绿色产品创新时，针对新产品特定需求做出了重要的适应和调整	
	该供应商参与我司绿色产品创新时，高效达成了绿色产品创新的目标	
优先获取供应商资源	相对其他客户，该供应商投入更多实物资源用于满足我司需求	Bemelmans 等[8] Hüttinger 等[99] Vos 等[103]
	相对其他客户，该供应商派遣更优秀的员工与我司开展协作	
	相对其他客户，该供应商更愿意全力支持我司取得成功	
	相对其他客户，该供应商更愿意为我司做出牺牲	
	相对其他客户，该供应商与我司更广泛地共享设备、技术和经验	

注：每份问卷均围绕一组特定制造商-供应商关系展开，“我司”指这组关系中的制造企业。

4.2.2 数据收集与样本

根据理论构建和假设检验的需要，尽可能避免制造企业和供应商关系中非正常因素的干扰，特别选择市场化程度较高的行业（如纺织服装、家具、食品饮料、IT设备制造等）作为抽样的重点领域，并将所有抽样企业均视为供应商，即受测对象都从供应商的视角填写问卷。通过制造业行业协会公布的企业会员名单，排除无法从供应商视角回答问卷的产业链终端企业后，随机抽取 900 家企业作为目标受测企业。通过业内猎头公司，获取相关企业及人员的基本信息和联系方式并进行必要筛选，选取具体负责产品研发、供应链和市场营销工作的管理人员作为受测对象，因为此类员工最有可能全面了解公司整合供应商资源的情况。研究最终共获取 1800 个目标受测对象，结合电子邮件、QQ（即时通信软件）、微信、电话和上门拜访等多种方法分两次发放和回收问卷。

由于抽样企业来自不同行业，各行业运营管理模式差异较大，因而抽样的随机性需特别关注。然而，由于研究机构和团队社会影响力有限，保证抽样的随机性的同时，便很难保证有效问卷回收率，共发放问卷 1600 份，回收有效问卷 186 份，有效回收率 11.63%。尽管如此,翻阅资料发现,数据缺省的问题在本领域研究中并不罕见,一些知名研究成果的有效问卷回收率也并不理想[34]。为了保证研究效度,基于 Wagner 和 Kemmerling 提出的问卷缺省检验方法[151],对先后两轮发放的问卷进行 t 检验,结果发现相同测量题项间的差异不显著($P<0.1$)。接着从原始样本没有回答问卷的企业中随机抽取 100 个企业作为样本与研究最终获取的样本企业进行对比,t 检验发现,两组企业在行业类型、企业规模、人员学历和成立时间等样本基本特征方面差异不显著($P<0.1$)。因此,认为研究所获取的样本虽然回收率低,但依然能够反映总体真实值。有效问卷的描述性统计见表 4-2。

表 4-2 调查样本的基本特征分布

项目	样本类型	样本分布数量/份	项目	样本类型	样本分布数量/份
产业细分	纺织服装业	44	员工学历	小学≥50%	36
	家具制造业	34		初中≥50%	42
	食品饮料业	40		高中≥50%	49
	IT 设备制造业	38		大专≥50%	35
	其他	30		本科≥50%	24
企业规模	100 人以下	30	成立时间	2 年以下	30
	100～300 人	40		2～5 年	35
	300～1000 人	44		5～10 年	44
	1000～2000 人	39		10～20 年	40
	2000 人以上	33		20 年以上	37

4.3 社会资本视角下效能提升路径的实证分析

4.3.1 信度和效度检验

以国内外知名期刊发表的成熟测量工具为基础而开发变量的测量量表,量表设计征求了本领域研究专家、学者和企业高管的意见,能够保证内容效度。在此基础上,使用 SPSS18 和 AMOS18 对变量进行信度和效度检验。检验结果表明,各变量的 Cronbach's α 系数均大于 0.9,表明量表测量题项的内部一致性符合要求。对整体量表进行验证性因子分析,模型的拟合参数值对模型的拟合程度良好,同时各观测变量对应其变量的标准化载荷系数大于 0.6,t 检验值均达到了 $P<0.01$ 的显著性水平,同时,各潜变量的平均方差抽取变异(AVE)大于 0.5,组合信度(CR)大于 0.7,量表聚合效度良好。研究通过比较因子平均方差抽取变异(AVE)与变

量间相关系数来判定量表的区别效度，结果特定变量与其他变量的相关系数的绝对值均小于该特定变量的 AVE 值的平方根，量表的区别效度良好。

4.3.2 假设检验

根据表 4－3 的相关分析结果，制造商-供应商之间的结构社会资本和认知社会资本与关系社会资本之间的相关系数，除了认知维度的社会资本外，关系维度和结构维度的社会资本与优先获取供应商资源之间的相关系数，以及优先获取供应商资源与供应商参与绿色产品创新效能之间的相关系数都在 0.01 水平上显著，理论模型中涉及的相关假设得到了初步验证。为了进一步检验研究假设，构建了结构方程模型用于验证理论模型。

表 4－3 基于社会资本效能提升路径研究涉及变量的皮尔逊(Pearson)相关分析

变量名	1	2	3	4	5
1. 结构社会资本	1				
2. 关系社会资本	0.246**	1			
3. 认知社会资本	0.087	0.268**	1		
4. 优先获取供应商资源	0.229**	0.212**	0.053	1	
5. 供应商参与绿色产品创新效能	0.263**	0.313**	0.160*	0.413**	1

注：$N=186$，** 表示在 0.01 水平(双侧)上显著相关，* 表示在 0.05 水平(双侧)上显著相关。

采用 AMOS18 构建整体结构方程模型，首先选取问卷各变量量表的测量指标，提取各个测量题项的样本数据。在此基础上，进一步对整体模型进行拟合分析，验证样本数据和假设理论模型的拟合程度，并对概念模型进行假设检验和相应路径分析。结构方程模型各项拟合指标的结果如表 4－4 所示。其中，结构方程模型显著性水平 $P=0.3>0.05$，卡方与自由度的比值等于 1.028，处于 1～3 之间，表示模型适配良好。另外，其他反映结构方程模型拟合度水平的绝对适配指标、简约适配指标和增值适配指标也基本达到理想的拟合标准。

表 4－4 结构方程模型适配情况统计

拟合指标		理想数值区间	结果
结构方程模型显著性水平(P 值)		>0.05	0.3
绝对适配指标	χ^2/df	1～3 之间	1.028
	GFI	>0.9	0.868
	RMSEA	<0.05	0.012

续表

拟合指标		理想数值区间	结果
简约适配指标	PNFI	越接近1越好	0.832
	PGFI	越接近1越好	0.761
增值适配指标	AGFI	>0.85	0.842
	NFI	>0.85	0.894

注:GFI表示拟合优度指数,PGFI表示简约拟合优度指数,AGFI表示调整拟合优度指数。

表4-5为AMOS统计分析所得出的标准化回归计算结果表,分析此表可以发现,制造商-供应商间的认知社会资本与优先获取供应商资源之间的标准化回归系数为0.034,T值为0.377,显著性水平也大于0.05。也就是说,制造商-供应商之间的认知社会资本并不能直接促使企业优先获取供应商资源,故而应当拒绝提出的假设H4-2b,而假设H4-1a、H4-1b、H4-2a、H4-2c和H4-3均得到验证,具体数值见表4-5。

表4-5 结构方程模型估计结果

潜变量之间的关系	标准化路径信息数β	T值及其显著水平	对应假设	检验结果
结构社会资本→关系社会资本	0.167	2.38**	H4-1a	通过
认知社会资本→关系社会资本	0.242	3.599***	H4-1b	通过
结构社会资本→优先获取供应商资源	0.224	3.294***	H4-2a	通过
认知社会资本→优先获取供应商资源	0.034	0.377	H4-2b	未通过
关系社会资本→优先获取供应商资源	0.228	3.391***	H4-2c	通过
优先获取资源→供应商参与绿色产品创新效能	0.484	6.135***	H4-3	通过

注:***代表$P<0.001$水平上显著,**代表$P<0.01$水平上显著,*代表$P<0.05$水平上显著。

4.4 本章结论

优先获取供应商资源与供应商参与绿色产品创新效能间的正向关系得到证实(标准化路径系数$\beta=0.484$,T值为6.135,且在0.001的水平上显著)。由此可见,假设H4-3通过检验,也就是说制造企业优先获取供应商资源,能够保证供应商参与产品创新中资源投放的速度、规模、质量以及针对性,进而起到提升供应商参与绿色产品创新效能的作用。已有相关研究大都仅从制造企业视角出发,例如李勃和李随成的研究发现,通过制造企业主导的供应商整合激发供应商创新性[152]。本研究则基于供应商的视角探讨提升供应商参与绿色产品创新效能的途径，并发现基于供应商授予制造企业优先客户地位的前提下，制造企业优先获取供应商为制造企业绿色产品创新需求而配置资源的情况明显增加，从而使供应商参与绿色产品创新效能获得提升。

制造商-供应商之间的结构社会资本与制造企业优先获取供应商资源之间的正向关系得到证实（标准化路径系数 β=0.224，T 值为 3.294，且在 0.001 的水平上显著），认知社会资本与优先获取供应商资源间的正向关系并未得到证实（标准化路径系数 β=0.034，T 值为 0.377），关系社会资本与优先获取供应商资源之间的正向关系得到证实（标准化路径系数 β=0.228，T 值为 3.391，且在 0.001 的水平上显著）。由此可见，假设 H4-2a 和 H4-2c 通过检验，而假设 H4-2b 没有通过检验。故而认为，制造企业积累制造商-供应商之间的社会资本，有助于制造企业优先获取供应商资源，从而达到提升供应商参与绿色产品创新效能的作用，但结构、关系和认知形式社会资本的具体作用机制却不尽相同。具体而言，结构和关系维度的社会资本可以直接促使制造企业优先获取供应商资源，但认知维度的社会资本必须通过关系维度的社会资本才能对制造企业优先获取供应商资源产生影响。这是因为，在动态性日益增强的商业环境中，没有及时获取信息的渠道，供应商仅靠对制造企业过去的了解开展需求预测既不可靠也不长久，因而无法确保供应商获益，所以供应商回馈制造企业的意愿也不高，同时制造商-供应商之间的共同认知和价值观虽然能够提高协同效率，但是参加制造企业主导的协同，一定是以制造企业的利益为中心，如果不能获得制造企业分配利益的承诺，协作效率的提高并不意味着能够为供应商创造更多价值，因而供应商也没有必要基于认知形式的社会资本便优待制造企业。Pulles 等的研究认为，制造企业获取供应商优待的前提是制造企业对供应商有吸引力[36]，但并未指明如何构建对供应商的吸引力。本研究在此基础上发现，积累制造商-供应商之间的社会资本有助于制造企业优先获取供应商资源，并进一步探明了各维度社会资本的作用机制，弥补了已有研究的不足。

制造商-供应商之间的结构社会资本与关系社会资本间的正向关系得到证实（标准化路径系数 β=0.167，T 值为 2.38，且在 0.01 的水平上显著），认知社会资本与关系社会资本间的正向关系得到证实（标准化路径系数 β=0.242，T 值为 3.599，且在 0.001 的水平上显著）。由此可见，假设 H4-1a 和 H4-1b 通过检验。故而可以认定，制造商-供应商间结构和认知维度社会资本的积累有助于关系维度社会资本的增加。已有基于企业间社会资本的研究大都将结构、关系和认知三个维度分隔[148,153]，各维度间的相互作用关系并未被提及。本研究基于制造商-供应商关系情境，证明了结构维度、认知维度社会资本的增加对关系维度社会资本的积累具有积极作用，弥补了基于企业间社会资本理论研究的不足。

第5章

制造商公平视角下绿色产品协同创新效能的提升路径研究

本节3.2节从理论上探索了制造商公平能够提升供应商公平感知，有助于供应商形成对双方关系的正面态度，从而使供应商愿意面向制造企业绿色产品创新需求优先配置绿色资源，由此带来供应商参与绿色产品创新效能的显著提升，本章将对此假说进行实证检验。此外，制造商-供应商关系以采购与供应活动为基础，导致双方关系结构普遍存在不对称依赖的特征，本章将进一步揭示制造商-供应商之间的不对称依赖关系对供应商公平感知作用效果的影响。

5.1 基于制造商公平的效能提升路径模型构建与假设

供应商参与绿色产品创新的情境下，供应商分配公平感知反映了该供应商对制造企业协同创新项目未来任务安排公平及收益分配公平的认可程度。供应商对关系收益的认可是构成供应商对合作关系满意的重要组成部分。供应商满意能够显著增加制造企业对供应商的吸引力，促进双方建立更深层次的社会联系，进而提升供应商对制造企业的信任[68]。基于以上观点，笔者认为通过任务和收益的公平分配积累供应商对制造企业的正面认知，是获得供应商对制造企业信任的有效途径。程序公平意味着供应商更有可能认可绿色产品协同创新过程中的程序和规则，其中包括供应商对绿色产品创新项目的决策过程、规范颁布等程序有清晰的认同[154]。由于这种被合理“设计”的程序和过程能够保护供应商的核心权益，有助于抑制供应商对协同创新过程中不确定性的感知，降低供应商对与制造企业开展合作的风险预期，故而程序公平也能增进供应商对制造企业的信任。

供应商不对称依赖制造企业的程度与制造企业对供应商实施目标激励的效用成正比[155]。如果供应商更加依赖制造企业，供应商按照制造企业要求参与绿色产品创新的动机将得到有效激发，制造企业对供应商的目标激励则更加有效。随着供应商的需求通过该激励过程而被满足，供应商对合作关系的满意度也将增加。

根据社会交换理论，供应商满意度的提高将促进供应商为保持双方高质量的关系回馈制造企业，其中就包括对制造企业回馈信任感[156]。相反，制造企业不对称依赖供应商的情境下，供应商拥有较多自主权，对利益分配公平和程序公平程度的要求也相对更苛刻。当制造企业无法满足供应商时，供应商容易产生不满、挫败等消极态度，不利于在绿色产品协同创新中产生对制造企业声誉和专业技术能力的信任。据此，提出如下假设：

H5-1a：供应商参与绿色产品创新中，制造商公平正向影响制造商可信；

H5-1b：对于不对称依赖制造企业的供应商而言，制造商分配公平对制造商可信的正向影响将被增强；

H5-1c：对于不对称依赖制造企业的供应商而言，制造商程序公平感知对制造商可信的正向影响将被增强。

制造商分配公平和程序公平能够提升供应商对制造企业分配公平和程序公平的感知。供应商感知分配公平表明供应商认为企业自身在协同任务中能够获得合理的回报，有助于降低供应商对制造企业的机会主义行为预期，以及对与该制造企业开展合作可能产生额外交易成本的预期。由于绿色产品创新面临的不确定性较高，供应商对协同创新关系的正面预期是绿色产品协同创新中供应商对制造企业形成长期导向定位的基础。已有研究表明，企业间协同中决策程序透明度的增加，能够明显减少协同过程中的冲突，有助于保持协同关系质量长期处于较高水准[95]。因此，制造商分配公平有助于供应商对与制造企业关系长期导向定位的形成。此外，程序公平感知还反映了供应商与制造企业对协同程序和目标拥有共同的理解[62]。在此基础上，能够促使供应商为制造企业进行关系专用性投资，进一步巩固了供应商与制造企业的长期合作关系。

基于权力-依赖理论的研究发现，供应商不对称依赖制造企业会增加供应商对制造企业控制力的感知，进而使制造企业能够影响供应商的意图与决策，以维系长期合作关系[64]。供应商参与绿色产品创新的情境下，供应商不对称依赖制造企业意味着供应商处于弱势地位，此时供应商对制造企业分配公平和程序公平程度的期望相对较低。基于以上分析，笔者认为如果供应商感知到被制造企业公平对待并且获得合理的回报，将使供应商对未来利益共享的预期得到强化，增强了供应商对制造企业的认同感和情感联系，故而能够增强供应商与制造企业保持长期合作关系的意愿。据此，提出如下假设：

H5-2a：供应商参与绿色产品创新中，制造商公平正向影响供应商关系承诺；

H5-2b：对于不对称依赖制造企业的供应商而言，制造商分配公平对供应商关系承诺的正向影响将被增强；

H5-2c：对于不对称依赖制造企业的供应商而言，制造商程序公平对供应商关系承诺的正向影响将被增强。

制造企业可信反映了供应商对制造企业能力和声誉的信任，其中包括供应商认可制造企业主导创新项目的能力，以及对制造企业更低机会主义行为倾向的预期[129]。对于绿色产品创新而言，新产品的市场不确定性和技术不确定性较高，制造企业可信有助于减少供应商对参与协同创新任务风险的感知，有利于供应商对制造企业承诺的升级。此外，基于对制造企业的信任，双方可以更开放、频繁地沟通，双方利益和资源也更易于被协调，减少了破坏性冲突出现的可能性。在此基础上，供应商对关系的满意程度将显著提升，有助于供应商产生与制造企业长期合作的意愿。

基于认知评估理论，供应商参与制造企业主导的绿色产品创新项目的动机可分为内生性动机和外生性动机[157]。内生性动机表明供应商愿意主动为项目做贡献，内生性动机能够促进供应商产生建立长期导向关系的意愿。外生性动机是由外部的力量驱动而产生的合作动机(例如奖励、使用强权)，如果单纯依赖外生性动机维系关系，一旦失去这种外部驱动力，供应商便不愿意继续与制造企业维持合作关系，无法保证关系的长期性。制造企业不对称依赖供应商的情境下，供应商拥有更大的自主权，有利于供应商对协同创新产生内生性动机。反之，供应商不对称依赖制造企业的情境下，供应商总是选择听从制造企业的安排，丧失对关系进行长期规划的内生性动机，难以主动对制造企业做出有关建立长期稳定合作关系的承诺。据此，提出如下假设：

H5－3a：供应商参与绿色产品创新中，制造商可信正向影响供应商关系承诺；

H5－3b：对于不对称依赖制造企业的供应商而言，制造商可信对供应商关系承诺的正向影响将被减弱。

基于社会交换理论，供应商对制造企业的信任作为供应商对制造企业的关系回馈，不仅能够化解合作中产生的冲突，还能促进双方频繁开展多种基于非正式渠道的沟通[129]。非正式的沟通有助于供应商及时和充分理解绿色产品创新项目的技术需求，甚至有可能预测项目未来发展方向，提前为制造企业储备绿色产品创新所需的绿色工艺设备和原材料。此外，已有研究表明供应商对关系效价的认知程度直接决定了供应商是否愿意面向制造企业的需求优先配置资源[131]。在不确定性较高的绿色产品协同创新中，供应商对制造企业能力和声誉的信任，使其更容易相信参与制造企业主导的绿色产品创新项目能够为企业自身实现更高收益。为此，供应商将按照绿色产品协同创新任务的实际需求优先投入相关绿色资源。

基于期望理论，供应商不对称依赖制造企业将放大供应商对制造企业所做回馈价值的感知，即供应商认为在相同的条件下选择其他制造企业(客户)开展绿色产品协同创新所获取的价值还不及与该制造企业合作产生的价值多[129]。为了确保未来持续获得更高价值的回馈，即便在同等信任水平下，供应商倾向于优先满足其更加依赖制造企业的需求。在供应商参与绿色产品创新的情境下，为了更充分地整合供应商的绿色能力，这种需求更多的是对供应商设备设施、零部件和稀缺原料等实物资源，以及绿色技术专利、知识和创意等创新资源的需求。因此，在供应商不对称依赖制造企业的情境下，供应商将更加积极地面向制造企业的绿色产品创新需求配置绿色资源。据此，提出如下假设：

H5-4a：供应商参与绿色产品创新中，制造商可信正向影响供应商优先配置绿色资源；

H5-4b：对于不对称依赖制造企业的供应商而言，制造商可信对供应商优先配置绿色实物资源的正向影响将被增强；

H5-4c：对于不对称依赖制造企业的供应商而言，制造商可信对供应商优先配置绿色创新资源的正向影响将被增强。

供应商对制造企业关系承诺的建立通常是由于供应商在情感和价值观上与制造企业产生了共鸣，故而愿意为了维持与制造企业的长期关系放弃短期利益[158]。此时，供应商在进行资源配置决策时，对具有较高关系承诺水平的制造企业将更少考虑短期经济效益。因此，随着供应商对制造企业关系承诺水平的增加，供应商与制造企业共享具有较高价值且相对稀缺的绿色技术资源的开放程度也就越高。此外，供应商对关系的长期性定位，表明供应商为了维系关系的长期性和有效性愿意承担更多责任[159]。供应商为了更好地履行和完成其在绿色产品协同创新中承担的职责，在绿色资源有限的情况下，会优先面向关系承诺水平更高的制造企业提供绿色资源。

供应商不对称依赖制造企业使得供应商在这组关系中明显处于劣势地位[160]。由于绿色产品协同创新的不确定性较高，劣势地位会使供应商对制造企业的绿色资源需求更加敏感。特别是对于供应商的绿色技术资源而言，通常包含大量隐性知识，资源投入的关系专用程度较高。供应商不对称依赖制造企业使供应商投入的关系专用性资产面临较高风险，如果供应商进一步投放绿色资源将使其在双方关系中的处境变得更加被动。因此，在供应商对制造企业做出关系承诺的情况下，考虑到关系的长期性，拥有较少自主权的供应商为了规避风险，在与制造企业进行绿色产品协同创新的过程中，将对自身的绿色资源有所保留。据此，提出如下假设：

H5-5a：供应商参与绿色产品创新中，供应商关系承诺正向影响供应商优先配置绿色资源；

H5-5b：对于不对称依赖制造企业的供应商而言，供应商关系承诺对供应商优先配置绿色实物资源的正向影响将被减弱；

H5-5c：对于不对称依赖制造企业的供应商而言，供应商关系承诺对供应商优先配置绿色创新资源的正向影响将被减弱。

供应商优先向制造企业配置绿色技术知识、环保设备和材料等绿色资源，能够为制造企业绿色新产品的开发创造核心价值，并为新产品竞争力的提升做出重要贡献。这是因为，绿色产品创新对新产品的材料、工艺和技术融入了大量环保要求，实现绿色产品创新涉及更多前沿科技知识以及不同产业的交叉融合，仅凭制造企业自身的能力难以确保绿色产品创新的成功。一般情况下，掌握绿色技术的供应商通常对制造企业绿色新产品所需零部件的规格和组件有清晰的认识，拥有成熟的绿色技术知识获取渠道。供应商参与绿色产品创新中，制造企业优先获取供应商的绿色创新资源，能够使相关绿色技术知识得到补充，有助于企业提高绿色产品创新的效率[1]。此外，由于绿色产品创新价值的评价往往只能依赖于政府或者第三方机构的认证，制造企业及时获取供应商的绿色材料和设备，有助于绿色新产品早日通过认证[56]。因此，供应商优先配置通过环保认证的稀缺原料、零部件或设备，能够为供应商参与绿色产品创新效能的提升创造重要价值。据此，提出如下假设：

H5－6：供应商参与绿色产品创新中，供应商优先配置绿色资源正向影响供应商参与绿色产品创新效能。

综上，研究提出的概念模型见图 5－1。

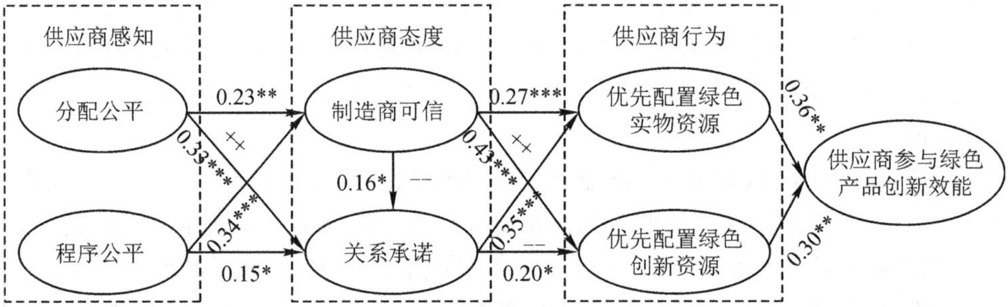

供应商依赖（N=146）

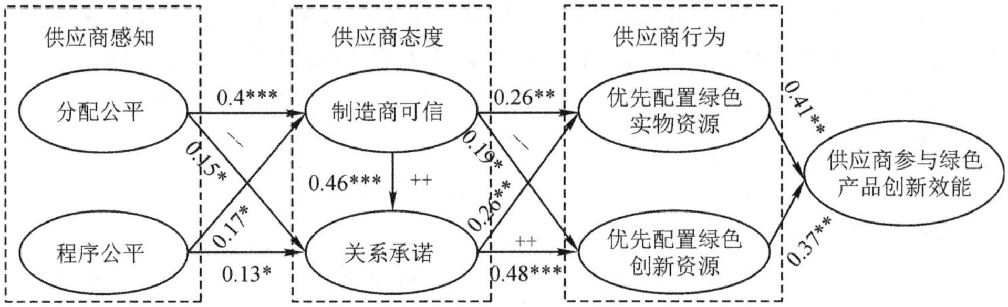

供应商不依赖（N=131）

图 5－1　基于制造商公平效能提升路径研究两组样本的路径系数

注："＋＋"和"－－"表示两组数据在相同路径中存在显著差异以及差异的形式。

5.2 制造商公平视角下的实证研究设计

5.2.1 研究变量的测量

根据研究内容,选取相关成熟量表对变量进行测量,采用李克特七级量表。量表编制主要包括以下几个主要步骤:①由专业的翻译人员进行双向翻译,直到与原文的含义相似;②与企业管理人员进行半结构化的访谈并修正测量题项,确保量表能够反映制造企业绿色产品协同创新实践;③根据7位从事企业协同创新与绿色供应链管理的专家的意见,对问卷的长度、题项的准确性和表达的完整程度进行微调;④将问卷发放到25家企业进行测试,针对回馈的信息对问卷进行最后调整。最终测量量表见表5-1。

表5-1 基于制造商公平的效能提升路径研究相关变量测量量表

变量	测量题项	因子载荷	α值	AVE	CR	来源
供应商分配公平感知(SDF)	该客户根据双方的职责公平分配我司与该客户共同创造的收益	0.872	0.928	0.813	0.929	[62,128]
	该客户根据双方的贡献公平分配我司与该客户共同创造的收益	0.932				
	相比其他客户,在与该客户的合作中我司能够获得相对公平的回报	0.900				
供应商程序公平感知(SPF)	在合作协议的谈判中,该客户始终遵守双方事先商定的程序和政策	0.876	0.924	0.804	0.925	[62,128]
	在合作的执行过程中,该客户始终遵守双方事先商定的标准和安排	0.03				
	当需要调整或变更双方事先商定的决议时,该客户会充分征求我司意见	0.910				
制造商可信(MT)	该客户对我司一向信守承诺	0.908	0.952	0.833	0.952	[64,129]
	该客户将我司福祉摆在与自身利益同等的地位	0.904				
	该客户向我司提供的信息真实可靠	0.929				
	该客户的管理能力和技术能力真实可靠	0.910				

续表

变量	测量题项	因子载荷	α 值	AVE	CR	来源
供应商关系承诺(SRC)	该客户与我司拥有类似的价值观，我司愿意与其保持长期合作关系	0.860	0.939	0.795	0.939	[132,133]
	即使其他客户提供更好的交易条件，我司也不愿意与该客户终止长期合作关系	0.861				
	该客户与我司拥有相似的经营理念，我司愿意与其保持长期合作关系	0.932				
	该客户对我司有很高的忠诚度，我司愿意与其保持长期合作关系	0.911				
供应商优先配置绿色实物资源(SPAGPR)	相对于其他客户，我司允许该客户优先使用我司的绿色生产设施	0.894	0.908	0.769	0.909	[56,36]
	即便处于产能不足的极端情况下，我司也会优先保证对该客户绿色的原材料或零部件的供应	0.869				
	相对于其他客户，我司优先将稀缺的原料用于满足该客户绿色零部件或原材料的生产	0.867				
供应商优先配置绿色创新资源(SPAGIR)	相对于其他客户，我司更愿意与该客户分享关键绿色技术信息	0.890	0.930	0.770	0.931	[56,36]
	相对于其他客户，我司首先与该客户分享最新的绿色创意	0.857				
	相对于其他客户，我司将更多的绿色新知识用于满足该客户的需求	0.872				
	相对于其他客户，我司优先将绿色研发资源用于满足该客户的需求	0.891				

续表

变量	测量题项	因子载荷	α值	AVE	CR	来源
供应商参与绿色产品创新效能(SIE)	我司在参与该客户的绿色产品创新时,与该客户开放共享关键技术及最新知识	0.892	0.961	0.853	0.959	第二章研究得出
	我司在参与该客户的绿色产品创新时,总是能履行其有关产品创新的职责和承诺	0.907				
	我司在参与该客户的绿色产品创新时,对新产品的最终功能实现发挥了关键作用	0.943				
	我司在参与该客户的绿色产品创新时,针对新产品特定需求做出了重要的适应和调整	0.906				
	我司在参与该客户的绿色产品创新时,高效达成了绿色产品创新的目标	0.951				

注:每份问卷均围绕一对制造商-供应商关系展开,“我司”指这组关系中的供应商,“该客户”指这组关系中的制造企业。

5.2.2 数据来源

选择绿色产品创新需求比较迫切的行业作为抽样对象,抽样规模为1000家企业。寻找在企业中任职产品研发、供应链管理、市场营销部门的中高级管理者回答问卷,为提高有效样本回收率,邀请相同企业的不同人员进行问卷填写,两轮共计发放600份问卷。同时,提前告知受测对象,不必披露协同创新伙伴公司的名称,但必须选择其非常熟悉的制造商-供应商绿色产品协同创新项目并从供应商的视角回答问卷。最终在相同企业不同被调查者中只保留1份有效问卷,并剔除与研究背景契合度不高的问卷,共计获得有效问卷294份,有效问卷的回收率为49%,尽管回收率偏低,但此种情况在该领域并不罕见[34]。为了保证回收的有效数据可以真实反映本次研究的具体问题,基于 t 检验的方法对两轮回收的数据进行缺省检验,检验结果符合研究要求。根据表5-2中的描述性统计信息可知,样本分布合理,符合研究需要。

表 5-2 描述性统计

类别	样本类型	样本分布数量/份	类别	样本类型	样本分布数量/份
样本来源	汽车	62	企业规模	100 人以下	48
	电子	78		100～300 人	70
	纺织	86		300～500 人	39
	其他	68		500～1000 人	64
				1000 人以上	73
成立时间	不足 2 年	22	员工学历	小学≥50%	56
	2～5 年	66		初中≥50%	62
	5～10 年	69		高中≥50%	69
	10～30 年	77		大专≥50%	48
	30 年以上	60		本科≥50%	59

注：表中涉及的范围，均取下而不取上，例如，“100 人以下”不包括 100 人，“100～300 人”包括 100 人但不包括 300 人，“1000 人以上”包括 1000 人。

5.3 制造商公平视角下效能提升路径的实证分析

5.3.1 共同方法偏差检验与信效度检验

在转轴前进行探索性因子分析，最大因子对总方差解释度为 40.3%，所有因子总方差解释度为 86.7%，可见不存在单一因子解释大部分方差变异的现象。此外，表 5-3 中潜变量的相关系数矩阵均小于 0.7。由此，认为共同方法偏差对研究结论的影响不大。

表 5-3 基于制造商公平效能提升路径研究涉及变量的 Pearson 相关分析

变量名	1	2	3	4	5	6
1. SDF	1					
2. SPF	0.354**	1				
3. MT	0.450**	0.412**	1			
4. SRC	0.542**	0.423**	0.534**	1		
5. SPAGPR	0.253**	0.318**	0.431**	0.416**	1	
6. SPAGIR	0.416**	0.201**	0.522**	0.500**	0.425**	1
7. SIE	0.121*	0.277**	0.225**	0.139*	0.374**	0.337**

注：* 表示在 0.05 水平（双侧）上显著，** 表示在 0.01 水平（双侧）上显著。

利用统计工具来检测量表是否符合内部一致性和稳定性的标准，结果显示各个变量的 Cronbach's α 系数均大于 0.8，表明问卷设计的度量良好。本研究的量表设计均采用在类似情境下的成熟量表，并经过相关领域专家的指正，具有良好的内容效度。为检验聚合效度，进行验证性因子分析，结果显示各因子载荷值均大于 0.6，并依次计算得出各潜变量的平均方差抽取变异（AVE）大于 0.5 的标准，组合信度（CR）大于 0.7 的标准，满足聚合效度的要求（见表 5-1）。如表 5-3 所示，潜变量 AVE 值的平方根大于该变量与其他变量的标准化相关系数，符合区分效度的要求。

5.3.2 假设检验

构建结构方程模型并对有效样本的总体数据进行路径分析。结果显示该模型 $\chi^2/df=1.373$，GFI 为 0.905，CFI 为 0.985，NFI 为 0.948，非标准拟合指数 TLI 为 0.983、RMSEA 为 0.036，以上指标表明数据与模型的拟合度良好。如表 5-4 所示，各条路径关系均显著，假设 H5-1a、H5-2a、H5-3a、H5-4a、H5-5a、H5-6 成立。

表 5-4 样本总体的路径系数

路径	路径系数	路径	路径系数
SDF ⟶ MT	0.32***	MT ⟶ SPAGPR	0.28***
SDF ⟶ SRC	0.28***	MT ⟶ SPAGIR	0.34***
SPF ⟶ MT	0.25***	SCR ⟶ SPAGPR	0.29***
SPF ⟶ SRC	0.14**	SCR ⟶ SPAGIR	0.32***
MT ⟶ SRC	0.27***	SPAGPR ⟶ SIE	0.381***
		SPAGIR ⟶ SIE	0.302***

注：** 表示路径在 0.01 水平下显著通过，*** 表示路径在 0.001 水平下显著通过。

借鉴 Villena 等[161]的研究，根据供应商感知该客户（制造企业）对企业自身不可替代程度与供应商感知企业自身对该客户不可替代程度的差值，判断样本企业所处情景。具体分组步骤如下：首先，将差值为零的样本排除在多群组检验之外；其次，提取差值为正的样本并剔除其中供应商依赖制造企业程度明显偏低的样本，得到 146 个样本并命名为“供应商依赖组”；最后，将剩余的 131 个样本命名为“供应商不依赖组”。

在以上数据分析结果的基础上，构建多群组结构方程模型对研究假设进行检验。为了探究不同受测对象在不同情境下对问卷进行打分所存在的偏差是否会干扰研究结论，以及针对理论假设构建的多群组结构方程模型是否适用于当前的分组数据，需进行多群组全等性检验。按照由宽松到严格的顺序，设置非限制模型（M1）、测量系数全等模型（M2）、路径系数全等模型（M3）、结构协方差全等模型（M4）。如表 5-5 所示，模型与样本数据的拟合程度良好，各个模型之间 $\Delta\chi^2$ 显著

性水平 P 值均大于 0.05，符合多群组全等性检验温和策略的要求。以上结果表明测量问卷的设计和结构模型的设置对分组比较结果的影响可忽略不计。

表 5-5 多群组全等性检验

模型	$\Delta\chi^2$	P	χ^2/df	CFI	RMSEA	IFI	NFI	TLI
M1			1.252	0.980	0.030	0.980	0.909	0.977
M2	19.772	0.346	1.247	0.980	0.030	0.980	0.907	0.978
M3	18.230	0.076	1.255	0.979	0.030	0.979	0.904	0.977
M4	5.757	0.124	1.259	0.978	0.031	0.978	0.903	0.977
判定标准		>0.05	$1<\chi^2/df<3$	>0.9	<0.08	>0.9	>0.9	>0.9

注：M1 为非限制模型，M2 为测量系数全等模型，M3 为路径系数全等模型，M4 为结构协方差全等模型。

如图 5-1 所示，两组样本的各条路径均显著通过，据此认为无论供应商是否依赖制造企业，假设 H5-1a、H5-2a、H5-3a、H5-4a、H5-5a、H5-6 仍然成立。参考 Yan 等[121]使用的多群组结构方程模型判断路径差异的方法，分别将 9 条路径设置类似的路径系数限制，逐一判断各设限模型与测量系数全等模型 χ^2 的显著性水平，若 $P<0.05$ 表明两组数据在该路径上的差异显著。另外，结合两组对应路径系数的临界比率值对路径差异的显著性进行二次检验，绝对值在 1.96～2.58 之间表明在 $P<0.05$ 的水平显著，绝对值在 2.58～3.29 之间表明在 $P<0.01$ 的水平显著，绝对值大于 3.29 时表明在 $P<0.001$ 的水平显著[162]。根据以上判断标准，假设 H5-1b、H5-1c、H5-2c、H5-4b 和 H5-5b 不成立（见表 5-6）。

表 5-6 路径差异分析

路径	路径系数临界比率值	$\Delta\chi^2$ 显著性水平	假设结论
SDF ⟶ MT	1.548	0.122	H5-1b 不成立
SDF ⟶ SRC	−2.194*	0.028	H5-2b 成立
SPF ⟶ MT	−1.414	0.157	H5-1c 不成立
SPF ⟶ SRC	−0.211	0.833	H5-2c 不成立
MT ⟶ SRC	2.51*	0.012	H5-3b 成立
MT ⟶ SPAGPR	0.167	0.867	H5-4b 不成立
MT ⟶ SPAGIR	−2.056*	0.040	H5-4c 成立
SRC ⟶ SPAGPR	−0.284	0.776	H5-5b 不成立
SRC ⟶ SPAGIR	2.482*	0.013	H5-5c 成立

注：* 表示 $P<0.05$ 的水平上显著。

如表 5-6 所示，仍有 4 条路径在上述两种情境下存在显著差异：

(1)分配公平对供应商关系承诺的正向影响在两组样本之间存在显著差异，$\Delta\chi^2$ 的显著性水平为 0.028，路径系数临界比率值为 -2.194($P<0.05$)，且在供应商依赖组的路径系数($b=0.33^{***}$)大于供应商不依赖组的路径系数($b=0.15^{*}$)，据此认为假设 H5-2b 成立。

(2)制造商可信对供应商关系承诺的正向影响在两组样本之间存在显著差异，$\Delta\chi^2$ 的显著性水平为 0.012，路径系数临界比率值为 2.51($P<0.05$)，且供应商依赖组的路径系数($b=0.16^{*}$)小于供应商不依赖组的路径系数($b=0.46^{***}$)，据此认为假设 H5-3b 成立。

(3)制造商可信对供应商优先配置绿色创新资源的正向影响在两组样本之间存在显著差异，$\Delta\chi^2$ 的显著性水平为 0.04，路径系数临界比率值为 -2.056($P<0.05$)，且供应商依赖组的路径系数($b=0.43^{***}$)大于供应商不依赖组的路径系数($b=0.19^{*}$)，据此认为假设 H5-4c 成立。

(4)供应商关系承诺对供应商优先配置绿色创新资源的正向影响在两组样本之间存在显著差异，$\Delta\chi^2$ 的显著性水平为 0.013，路径系数临界比率值为 2.482($P<0.05$)，且供应商依赖组的路径系数($b=0.2^{*}$)小于供应商不依赖组的路径系数($b=0.48^{***}$)，据此认为假设 H5-5c 成立。

5.4 本章结论

假设 H5-1a(标准化路径系数 $\beta=0.32$，在 0.001 的水平上显著)、H5-2a(标准化路径系数 $\beta=0.28$，在 0.001 的水平上显著)、H5-3a(标准化路径系数 $\beta=0.27$，在 0.001 的水平上显著)、H5-4a(标准化路径系数 $\beta=0.34$，在 0.001 的水平上显著)、H5-5a(标准化路径系数 $\beta=0.32$，在 0.001 的水平上显著)、H5-6(实物资源的标准化路径系数 $\beta=0.381$，在 0.001 的水平上显著，创新资源的标准化路径系数 $\beta=0.302$，在 0.001 的水平上显著)在样本总体和分组样本中均被验证，表明供应商参与绿色产品创新中，无论供应商是否依赖制造企业，绿色产品协同创新中供应商公平感知都能够通过供应商对制造企业的信任和关系承诺，使供应商面向协同创新的需求优先配置绿色资源，进而提升供应商参与绿色产品创新效能。

假设 H5-1b(路径系数临界比率值为 1.548，$\Delta\chi^2$ 显著性水平为 0.122)、H5-1c(路径系数临界比率值为 -1.414，$\Delta\chi^2$ 显著性水平为 0.157)未被验证，表明对于不对称依赖制造企业的供应商而言，供应商公平感知对制造商可信的正向影响并不会被增强。笔者经分析认为，信任本就属于合作双方之间的情感联系。加之样本企业来自中国，受传统文化影响，制造商可信还蕴含了供应商相信制造企业保持与供应商稳定关系的诚意，更接近于深层次的情感信任[4]。供应商更多地依赖制造企业将造成供应商自主性的丧失，对于自身在双方关系中所承担风险的认知也明显增加，这不仅不利于在公平感知的基础上培养供应商对制造企业的情感信任，甚至可能引发供应商对制造企业真实用意的猜忌。因此，即使在供应商不对称依赖制造企业的情景下，供应商也不会在既定公平水平下给予制造企业更多信任。

假设 H5 - 2b 成立（路径系数临界比率值为－2.194，$\Delta\chi^2$ 显著性水平为 0.028），表明对于不对称依赖制造企业的供应商而言，供应商分配公平感知对供应商关系承诺的正向影响将被增强。假设 H5 - 2c 未被验证（路径系数临界比率值为－0.211，$\Delta\chi^2$ 显著性水平为 0.833），表明供应商程序公平感知对关系承诺的正向影响并不会因为供应商不对称依赖制造企业而被增强。经分析认为，供应商不对称依赖制造企业的情境下，供应商的程序公平感知受供应商主观因素影响较大[163]。在市场经济条件下，企业之间的关系行为是出于自身利益考虑的理性行为。供应商对制造企业做出承诺是事关企业长期利益的战略性决策，主观因素的影响将在企业内部和企业之间的重复博弈中被降至最低，从而使不对称依赖关系的作用不显著。

假设 H5 - 3b 成立（路径系数临界比率值为 2.51，$\Delta\chi^2$ 显著性水平为 0.012），表明对于不对称依赖制造企业的供应商而言，制造商可信对供应商关系承诺的正向影响将被减弱。

假设 H5 - 4c 成立（路径系数临界比率值为－2.056，$\Delta\chi^2$ 显著性水平为 0.04），表明对于不对称依赖制造企业的供应商而言，制造商可信对供应商优先配置绿色创新资源的正向影响将被增强。假设 H5 - 4b 不成立（路径系数临界比率值为 0.167，$\Delta\chi^2$ 显著性水平为 0.867），表明制造商可信对供应商优先配置绿色实物资源的正向影响并不会因为供应商不对称依赖制造企业而被增强。分析认为，由于部分实物资源具有一定程度的可回收性（例如设备设施）。在供应商不对称依赖制造企业的情境下，权力的不平衡会加大供应商回收资源的难度，资源回收风险的感知抵消了供应商对合作价值认知的增量。因此，在制造商可信的前提下，供应商为了促进更深层次的合作，形成互利共赢的局面，无论供应商是否依赖该制造企业，均会在同等水平上向制造企业配置绿色实物资源。

假设 H5 - 5c 成立（路径系数临界比率值为 2.482，$\Delta\chi^2$ 显著性水平为 0.013），表明对于不对称依赖制造企业的供应商而言，供应商关系承诺对供应商优先向制造企业配置绿色创新资源的正向影响将被减弱。假设 H5 - 5b 不成立（路径系数临界比率值为－0.284，$\Delta\chi^2$ 显著性水平为 0.776），表明供应商关系承诺对优先配置绿色实物资源的正向影响不会因为供应商不对称依赖制造企业而被减弱。笔者通过分析发现，实物资源相对容易被制造企业定量控制，如果供应商不按照制造企业需求优先配置足够数量的实物资源，很容易因为供应商所处的不利地位而面临制造企业的惩罚（如减少订单量）。因此，即使供应商处于不对称依赖制造企业的情况，为了维持两者的合作关系，避免更多的损失，供应商向制造企业优先配置绿色实物资源的意愿也不会降低，故而不会影响供应商向制造企业优先配置绿色实物资源。

第6章

契约治理视角下绿色产品协同创新效能的提升路径研究

本书3.3节对供应商参与产品创新情景下契约治理对绿色产品协同创新效能的作用路径进行了初步理论探索。本章将进一步提出相关研究假设与理论模型，揭示不同契约形式对供应商参与绿色产品创新效能的影响，以及产品复杂性与技术新颖性对不同契约形式优先获取供应商绿色创新资源之间关系的调节作用，在此基础上探明契约治理对供应商参与绿色产品创新效能的作用路径。

6.1 研究假设与概念模型

6.1.1 契约治理与供应商参与绿色产品创新效能

通过与供应商签订过程控制型契约，供应商可以更清晰地评估自身任务量和风险，有助于建立起对制造企业的信任以及对双方关系的正面预期，故而能激励供应商面向制造企业绿色产品创新需求。然而，过程控制型契约即使再详细也难以说明未来可能发生的所有情况。契约过于详细时，双方合作将变得僵化，不仅不利于高效信息共享和隐性知识转移，还会降低双方应对绿色产品创新风险能力[110]。同时，契约详尽程度的增加会逐步压缩供应商根据实际情况进行调整的空间，降低供应商创新的自主性和自由度，最终也会限制供应商在绿色产品协同创新中的参与效能。据此，提出如下假设：

H6-1a：供应商参与绿色产品协同创新中，过程控制型契约与供应商参与绿色产品创新效能之间存在倒U型关系。

基于代理理论，将供应商的收益与绩效挂钩可以使制造企业与供应商的利益保持一致，使制造企业可以影响供应商的行为和决策[164]。绿色产品协同创新情境下，目标激励型契约规定供应商所获利益与其努力和贡献密切联系，能够促使供应商根据制造企业的特定需求参与绿色产品创新。此外，目标激励型契约专注于结果，供应商拥有较大的自主权，制造企业介入供应商日常操作的空间较小，此时制造企业不会轻易干涉供应商的行为，在客观上也避免了冲突。双方因为责任和义务模糊而产生误解的空间更小，在减少争议的同时使供应商对双方关系更加满意。因此，目标激励的契约能够激发供应商面向绿色产品协同创新需求而创新的意愿。据此，提出如下假设：

H6－1b：供应商参与绿色产品协同创新中，目标激励型契约正向影响供应商参与绿色产品创新效能。

6.1.2 优先获取供应商绿色创新资源的中介作用

制造企业对供应商的吸引力与制造企业获得供应商授予的优先客户地位关系密切，对制造企业优先获取供应商的绿色创新资源起决定性作用[8]。过程控制型契约为双方合作提供了基本保障，使供应商感到制造企业的专业性，是客户吸引力的关键。但如果过程控制得过于详细，势必降低双方的合作效率以及供应商对合作效价的预期，反而不利于吸引供应商。由此可见，过程控制型契约过于简单或者过于详细均不利于供应商积极面向制造企业优先配置绿色创新资源。据此，提出如下假设：

H6－2a：供应商参与绿色产品协同创新中，过程控制型契约与优先获取供应商绿色创新资源之间存在倒U型关系。

目标激励型契约将供应商的绩效及其奖励密切联系，在面对不确定性较高的绿色产品协同创新中使用目标激励型契约，将给予供应商更大发挥空间，促进供应商愿意面向协同创新项目配置更多的绿色创新资源。此外，供应商参与制造企业的绿色产品创新项目通常是基于对协同创新结果的良好预期[106]。基于社会交换理论，通过目标激励型契约使供应商对收益的预期被满足，又能进一步提升供应商对关系的满意度，产生回馈制造企业需求的动机，从而形成良性循环，故而能够使供应商愿意优先面向制造企业绿色产品创新的需求配置绿色创新资源。据此，提出如下假设：

H6－2b：供应商参与绿色产品协同创新中，目标激励型契约正向影响制造企业优先获取供应商绿色创新资源。

供应商绿色创新资源优先配置可以确保绿色产品相关知识和信息的开放交流，对绿色产品创新的成功具有重要价值[92]。当供应商感知特定客户的吸引力较高时，供应商会优先满足该客户的特定资源需求。因此，制造企业需要设法提高对供应商的吸引力来增强供应商优先配置绿色创新资源的意愿。Ellis 等在社会交换理论的基础上，提出“诱因—相对吸引力—报答”模型，根据该模型，制造企业需要提供一定的“诱饵”，以此影响供应商对吸引力的感知，进而使供应商做出回馈[76]。根据该模型，制造企业开展以上两种形式的契约治理均能充当“诱饵”，提高自身对供应商的吸引力。作为对制造企业的回报,供应商也将愿意根据制造企业的绿色产品创新需求优先配置绿色创新资源。结合 H6-2a 和 H6-2b 进一步推论,得出如下假设:

H6-3a:供应商参与绿色产品协同创新中,优先获取供应商绿色创新资源在过程控制型契约与供应商参与绿色产品创新效能的关系中起着中介作用。

H6-3b:供应商参与绿色产品协同创新中,优先获取供应商绿色创新资源在目标激励型契约与供应商参与绿色产品创新效能的关系中起着中介作用。

6.1.3 产品复杂性的调节作用

在复杂程度高的绿色产品协同创新中,制造企业和供应商承担产品交付的不确定性以及产品性能不佳的风险较高。同时,复杂性还增加了协同创新中的信息不对称,导致制造企业与供应商之间的误解,使协同过程面临较高的不确定性[106]。基于交易成本理论,更高的不确定性会促使参与者更加专注于自身利益,增加了机会主义行为的风险,例如技术挪用和信息泄露风险等[165]。此时,过程控制对协调和监督双方协同过程的意义则更加凸显,故而过程控制型契约在降低协同创新不确定性方面的价值被强化。因此,产品复杂性较高时,更加需要过程控制型契约界定双方的行为及权责,减少协同过程中的不确定性。据此,提出如下假设:

H6-4a:供应商参与绿色产品协同创新中产品复杂性越高,过程控制型契约与优先获取供应商绿色创新资源之间倒 U 型关系阈值点出现得越晚,优先获取供应商绿色创新资源所能达到的最高水平也更高。

复杂程度高的绿色产品协同创新项目中,容易造成双方职责界定模糊,由此带来更高的合作风险[166]。明确奖惩条款和风险分担条款,有助于制造企业与供应商共担风险,化解目标冲突和抑制机会主义行为。此外,目标激励型契约能够使双方的目标保持一致,相似的目标有助于合作双方抵制机会主义行为的诱惑,更好地贯彻落实合作规范[164]。在共同目标的指引下,实现价值共创的期望会使供应商全力以赴地参与制造企业主导的绿色产品协同创新。也就是说,当绿色新产品复杂性较高时,使用目标激励型契约有助于双方目标保持一致,能够有效化解目标冲突并抑制供应商的机会主义行为预期,进而促使供应商为了完成共同的目标优先向制造企业配置绿色创新资源。据此,提出如下假设:

H6-4b:供应商参与绿色产品协同创新中产品复杂性越高,目标激励型契约与优先获取供应商绿色创新资源之间的正向关系越强。

6.1.4 技术新颖性的调节作用

当前绿色技术发展和变革速度飞快,许多绿色新技术尚未完成可行性和可靠性测试，就已经被新技术取代。这就导致，如果在绿色新产品中使用最新颖的绿色技术，将很难预测新产品未来的财务回报[121]。与此同时，当采用最新的绿色技术时，双方具备的相关知识和信息都比较匮乏，增加了分析绿色产品创新项目成败原因的难度。因此，如果在绿色产品协同创新中主要使用过程控制型契约，将难以实现对逃避责任、粉饰努力、做出虚假承诺等机会主义行为的有效控制，这进一步增加了供应商的风险感知。另外，技术新颖性较高时，供应商在预期范围之外进行调整则在所难免，更多的合同细节反而限制了供应商调整的空间，不利于调动供应商为创新投入资源的积极性。据此，提出如下假设：

H6－5a：供应商参与绿色产品协同创新中技术新颖性越高，过程控制型契约与优先获取供应商绿色创新资源之间倒U型关系阈值点出现得越早，优先获取供应商绿色创新资源所能达到的最高水平也就更低。

基于期望理论，当供应商认为参与任务成功后能够获得期望利益时，为顺利完成新产品开发任务而配置相关资源的意愿则更强[56]。如果在新产品开发中采用了更加新颖的绿色技术，预测新产品未来经济效益和社会效益的难度更高。目标激励型契约使供应商对项目净收益的分配规则更加清晰明确，便于供应商进行财务核算，有助于供应商对参与效价产生正面期望[164]。也就是说，当新产品的技术新颖性较高时，目标激励型契约能够有效缓解技术新颖性所造成的供应商参与效价评估困难的问题，为供应商优先配置绿色创新资源奠定基础。此外，目标激励契约对供应商行为的约束更少，供应商拥有更大的创新空间。据此，提出如下假设：

H6－5b：供应商参与绿色产品协同创新中技术新颖性越高，目标激励型契约与优先获取供应商绿色创新资源之间的正向关系越强。

综上，供应商参与绿色产品创新中，产品复杂性、技术新颖性分别对过程控制型契约/目标激励型契约、优先获取供应商绿色创新资源、供应商参与绿色产品创新效能之间的关系起着调节作用，即中介作用会受到产品复杂性和技术新颖性的影响，进而提出被调节的中介作用模型假设：

H6－6a：供应商参与绿色产品协同创新中，过程控制型契约通过优先获取供应商绿色创新资源对协同创新效能的中介效应受到产品复杂性的正向调节。

H6－6b：供应商参与绿色产品协同创新中，目标激励型契约通过优先获取供应商绿色创新资源对协同创新效能的中介效应受到产品复杂性的正向调节。

H6－6c：供应商参与绿色产品协同创新中，过程控制型契约通过优先获取供应商绿色创新资源对协同创新效能的中介效应受到技术新颖性的负向调节。

H6－6d：供应商参与绿色产品协同创新中，目标激励型契约通过优先获取供应商绿色创新资源对协同创新效能的中介效应受到技术新颖性的正向调节。

结合上述假设构建本节的概念模型，如图 6－1 所示。

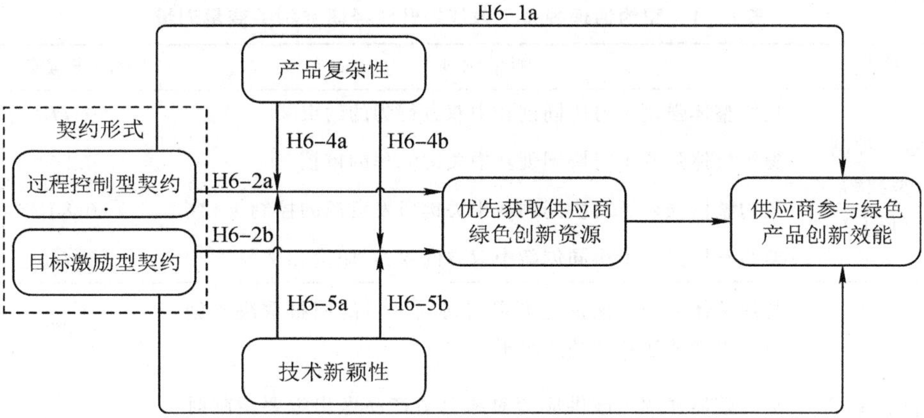

图 6-1 契约治理视角下的效能提升路径概念模型

6.2 契约治理视角下的实证研究设计

6.2.1 变量测量

借鉴已有研究中的成熟量表测度研究涉及的变量，量表编制具体包括如下步骤：①将英文量表翻译中文之后，再由专业翻译者译成英文，之后与原文对比，据此修正中文翻译，以确保测量对等性；②在已有研究和相关企业管理人员半结构化访谈的基础上，对题项进行修正；③在征求 10 位专家建议之后，根据研究情境对题项进行必要修改，使表意更加清晰准确；④正式调研之前测试，选择 25 家制造企业小规模发放问卷，根据反馈情况修改并确认最终的量表。除控制变量外，所有变量采用李克特七级量表评价，分值由低到高表示调查对象的测量结果，其中 1 表示完全不同意，7 表示完全同意，同意程度从 1 到 7 逐渐增加。各变量测量方法具体如下（见表 6-1）。

（1）过程控制型契约（PCC）是指契约整体强调协同过程中双方的行为准则及权力责任划分，力求相关条款详细精准。该变量的测量依据 Bai 等和 Zou 等使用的量表[116,106]，最终形成包括 4 个题项的测量量表。

（2）目标激励型契约（TIC）是指契约整体强调合作伙伴应达到的绩效目标以及相应奖励措施，力求相关条款清晰明确。该变量的测量依据 Vries 等、Bai 等和 Zou 等使用的量表[104,116,106]，最终形成包括 4 个测量题项的量表（见表 6-1）。

（3）产品复杂性（PC）反映了该新产品相对于同类型产品或替代产品的复杂程度。该变量的测量依据 Yan 等使用的量表[121]，最终形成包括 4 个测量题项的量表。

表 6-1 契约治理视角下效能提升路径研究相关变量测量

变量	测量题项	因子载荷
过程控制型契约（PCC）	契约整体强调了对协同创新中双方行为的约束	0.778
	契约整体强调了对协同创新中关键流程的审核	0.803
	契约整体强调了对协同创新中关键研发资源的控制	0.801
	契约整体强调了协同创新中双方的权力、职责和义务	0.748
目标激励型契约（TIC）	契约整体强调了该供应商参与协同创新的回报取决于创新成果能够达到的绩效水平	0.877
	契约整体强调了该供应商对绿色新产品做出重要贡献时能够获得的额外奖励	0.878
	契约整体强调了该供应商完成协同创新任务的评价标准	0.889
	契约整体强调了该供应商无法按照既定标准完成协同创新任务的后果	0.849
产品复杂性（PC）	与同类产品或替代产品相比，此次研发的绿色新产品零部件数量相对较多	0.734
	与同类产品或替代产品相比，此次研发的绿色新产品生产工艺更复杂	0.748
	与同类产品或替代产品相比，此次研发的绿色新产品组件更难模块化	0.687
	与同类产品或替代产品相比，此次研发的绿色新产品设计所需的专业知识水平较高	0.797
技术新颖性（TN）	与同类产品或替代产品相比，此次研发绿色新产品使用的工艺技术更加新颖	0.885
	与同类产品或替代产品相比，此次研发绿色新产品对各组件之间依附关系的设计方法更加新颖	0.876
	与同类产品或替代产品相比，此次研发绿色新产品使用的核心原材料或零部件采用了更加新颖的技术	0.836
	与同类产品或替代产品相比，整体来说此次研发绿色新产品具有较高的技术新颖性	0.823

续表

变量	测量题项	因子载荷
优先获取供应商绿色创新资源（SRPA）	相对竞争对手而言，该供应商在我司的新产品项目中开放共享关键绿色技术知识	0.925
	相对竞争对手而言，该供应商在我司的新产品项目中及时分享相关绿色创意	0.912
	相对竞争对手而言，该供应商在我司的新产品项目中积极派遣掌握绿色技术的人员	0.829
	相对竞争对手而言，该供应商在我司的新产品项目中大量投放用于绿色创新的设备	0.726
	相对竞争对手而言，该供应商在我司的新产品项目中开放共享绿色产品创新经验	0.811
供应商参与绿色产品创新效能（SIE）	该供应商参与我司绿色产品创新时，与我司开放共享关键技术及最新知识	0.863
	该供应商参与我司绿色产品创新时，总是能履行其有关产品创新的职责和承诺	0.942
	该供应商参与我司绿色产品创新时，对新产品的最终功能实现发挥了关键作用	0.855
	该供应商参与我司绿色产品创新时，针对新产品特定需求做出了重要的适应和调整	0.931
	该供应商参与我司绿色产品创新时，高效达成了绿色产品创新的目标	0.842

注：每份问卷均围绕一组特定制造商-供应商关系展开，其中“该供应商”是指这组关系中的供应商，“我司”指这组关系中的制造企业。

(4)技术新颖性(TN)反映了该新产品相对于同类型产品或替代产品使用技术的创新程度。该变量的测量依据李随成等和 Yan 等使用的量表[109,121]，最终形成包括 4 个测量题项的量表。

(5)优先获取供应商绿色创新资源(SRPA)反映了相对于其他的客户，制造企业优先获取供应商绿色创新资源的程度。该变量的测量依据 Vos 和李勃等使用的量表[37,167]，最终形成包括 5 个测量题项的量表。

(6)供应商参与绿色产品创新效能(SIE)反映了供应链企业间绿色产品协同创新目标的实现程度，即供应商参与绿色产品创新的有效性。依据第 2 章供应商参与绿色产品协同创新效能的测量方法，最终形成包括 5 个题项的测量量表。

根据研究的情景需要和已有相关研究，选取企业规模、成立年限以及合作时间为控制变量。

6.2.2 数据来源

根据研究问题需要，选择绿色产品创新需求比较迫切的行业作为抽样对象来源，涵盖了新兴制造业企业（如新能源汽车、新材料、生物医药等）和传统制造业企业（如食品、纺织、家电等）。在专业数据服务机构的配合下，获取样本企业中目标受测人员的基本信息。选择熟悉供应链协同创新业务的企业管理人员发放正式问卷，调查人员主要包括制造业高管、研发主管、产品经理、供应链经理等。提前与受测人员进行沟通，告知相关信息只用作学术研究，调查过程匿名进行以提升有效问卷回收率。调查小组先后对制造企业发放问卷 600 份。总计回收问卷 271 份，回收率为 45.2%，剔除的无效问卷包括受测人员所在企业未参与绿色产品协同创新项目以及参与程度较低的样本，或者参与了绿色产品协同创新项目，但不了解实际情况的样本等情况。样本最终保留 231 份有效问卷。有效问卷的描述性统计结果见表 6-2。

表 6-2 契约治理视角下效能提升路径研究样本基本信息统计

类别	样本类型	样本分布数量/份	类别	样本类型	样本分布数量/份
产业细分	新兴制造业	112	成立年限	不足 3 年	27
				3～5 年	64
				6～10 年	80
	传统制造业	119		11～15 年	40
				15 年以上	20
企业规模	100 人以下	10	合作时间	不足 3 年	21
	100～300 人	82		3～5 年	97
	301～500 人	85		6～10 年	92
	501～1000 人	40		11～15 年	15
	1000 人以上	14		15 年以上	6

注：表中涉及的范围，均取下而不取上，例如，“100 人以下”不包括 100 人，“100～300 人”包括 100 人但不包括 300 人，“1000 人以上”包括 1000 人。

6.3 契约治理视角下效能提升路径的实证分析

6.3.1 同源方差检验与信效度检验

研究通过 Harman(哈曼)单因素分析法检测是否存在同源性问题,对所有研究假设涉及题项进行探索性因子分析,第一主成分对总方差的解释量为 28.5%,所有因子累积方差解释量为 72.31%,不存在一个公因子解释了大部分变异量的情况。因此,可以认为在本研究中同源偏差的影响有限。检验结果如表 6-1 所示,过程控制型契约、目标激励型契约、产品复杂性、技术新颖性、优先获取供应商绿色创新资源和供应商参与绿色产品创新效能的 Cronbach's α 系数均高于 0.7,符合信度标准,呈现出较好的内部一致性。

对研究涉及的变量进行验证性因子分析,观测变量对应各个变量的标准化载荷系数均高于 0.6,各变量的 AVE 值高于 0.5,CR 值高于 0.7,表明量表聚合效度良好。通过比较各变量的 AVE 值与变量间相关系数来判定量表的区别效度。

6.3.2 描述性统计分析

如表 6-3 所示,过程控制型契约(PCC)、目标激励型契约(TIC)、优先获取供应商绿色创新资源(SRPA)以及供应商参与绿色产品创新效能(SIE)之间存在显著相关关系,能够初步证实部分假设,为后续检验提供初步支持。

表 6-3 契约治理视角下效能提升路径涉及变量的 Pearson 相关分析

序号	变量名	1	2	3	4	5	6	7	8
1	PCC	1							
2	TIC	−0.002	1						
3	PC	−0.162*	−0.136*	1					
4	TN	0.171**	0.158*	−0.067	1				
5	SRPA	0.318**	0.482**	−0.072	0.234**	1			
6	SIE	0.281**	0.372**	−0.081	0.264**	0.385**	1		
7	企业规模	0.041	0.112	−0.104	0.135*	0.073	0.091	—	
8	成立年限	0.142*	0.007	−0.031	0.068	0.075	0.024	0.369**	—
9	合作时间	−0.082	0.138*	−0.077	−0.003	0.078	−0.021	0.102	0.049

注:* 表示在 0.05 水平(双侧)上显著,** 表示在 0.01 水平(双侧)上显著。

6.3.3 假设检验

1. 主效应

如表 6－4 所示，模型 6 是控制变量对供应商参与绿色产品创新效能的回归结果；模型 7 表明过程控制型契约平方项与供应商参与绿色产品创新效能显著负相关（$\beta=-0.198$，$P<0.01$），说明供应商参与绿色产品创新中，过程控制型契约与供应商参与绿色产品创新效能存在倒 U 型关系，H6－1a 得到验证；模型 8 表明供应商参与绿色产品创新中，目标激励型契约对供应商参与绿色产品创新效能具有显著的正向影响（$\beta=0.342$，$P<0.001$），H6－1b 得到验证。

2. 中介效应

对于优先获取供应商绿色创新资源在契约形式与供应商参与绿色产品创新效能间的中介作用，参考温忠麟的中介效应检验方法[168]，检验结果见表 6－4。模型 1 是控制变量对优先获取供应商绿色创新资源的回归结果。模型 2 表明，过程控制型契约平方项与优先获取供应商绿色创新资源显著负相关（$\beta=-0.211$，$P<0.01$），过程控制型契约与优先获取供应商绿色创新资源存在倒 U 型关系，H6－2a 得到验证。模型 3 表明，目标激励型契约对优先获取供应商绿色创新资源具有显著的正向影响（$\beta=0.446$，$P<0.001$），H6－2b 得到验证。模型 9 表明，供应商参与绿色产品创新中，优先获取供应商绿色创新资源对供应商参与绿色产品创新效能具有显著的正向影响（$\beta=0.375$，$P<0.001$）。模型 10 表明，加入中介变量后过程控制型契约平方项与供应商参与绿色产品创新效能仍然显著负相关（$\beta=-0.135$，$P<0.05$），且优先获取供应商绿色创新资源显著正向影响供应商参与绿色产品创新效能（$\beta=0.297$，$P<0.001$），H6－3a 得到验证。

模型 11 表明，加入中介变量后，目标激励型契约与供应商参与绿色产品创新效能仍然显著正相关（$\beta=0.225$，$P<0.001$），且优先获取供应商绿色创新资源显著正向影响供应商参与绿色产品创新效能（$\beta=0.263$，$P<0.001$），H6－3b 得到验证。

为确保研究结论的可靠性，进一步采用 Bootstrap 法检验中介模型，选择模型模板 4，检验结果见表 6－5。过程控制型契约的间接效应点估计值为 0.112，95％的置信区间 CI 为[0.047，0.198]；目标激励型契约的间接效应点估计值为 0.118，95％的置信区间 CI 为[0.046，0.200]，两者均不包含 0。因此，假设 H6－3a 和假设 H6－3b 所提出的中介效应较为稳健。

表 6-4 回归分析结果(1)

类别	自变量	因变量:优先获取供应商绿色创新资源					因变量:供应商参与绿色产品创新效能					
		模型 1	模型 2	模型 3	模型 4	模型 5	模型 6	模型 7	模型 8	模型 9	模型 10	模型 11
控制变量	企业规模	0.067	0.081	−0.012	−0.007	−0.022	0.141	0.152	0.080	0.115	0.128	0.082
	成立年限	0.069	0.015	0.093	0.096	0.113	−0.015	−0.061	0.004	−0.04	−0.064	−0.019
	合作时间	0.116	0.186	0.012	0.012	0.05	−0.051	0.011	−0.132	−0.095	−0.044	−0.135
自变量	TIC			0.446^{***}	0.438^{***}	0.431^{***}			0.342^{***}			0.225^{***}
	PCC		0.268^{***}					0.223^{**}			0.143^{*}	
	PCC^2		-0.211^{**}					-0.198^{**}			-0.135^{*}	
中介变量	SRPA									0.375^{***}	0.297^{***}	0.263^{***}
交互项	TIC×PC				0.232^{**}							
	TIC×TN					0.223^{**}						
	R^2	0.013	0.15	0.235	0.263	0.265	0.009	0.121	0.146	0.154	0.197	0.202
	F 值	0.962	7.970	17.651	16.065	16.11	0.708	6.091	9.762	10.387	9.146	11.385
	调整 R^2	0.000	0.131	0.224	0.247	0.248	−0.004	0.101	0.133	0.119	0.175	0.184

注:* 表示 $P<0.05$,** 表示 $P<0.01$,*** 表示 $P<0.001$,β 为非标准化回归系数,“×”表示两个变量的乘积。

表 6－5 中介效应的 Bootstrap 分析

间接效应	点估计	标准误	下限（BootLLCI）	上限（BootULCI）
PCC→SRPA→SIE	0.112	0.040	0.047	0.198
TIC→SRPA→SIE	0.118	0.040	0.046	0.200

3. 调节效应

将优先获取供应商绿色创新资源作为因变量，在模型 4、5 中引入自变量和调节变量的乘积项。调节效应 H6－4b 和 H6－5b 的检验结果见表 6－4。模型 1 是控制变量对优先获取供应商绿色创新资源的回归结果。由模型 4 可知，目标激励型契约对优先获取供应商绿色创新资源具有显著的正向影响（$\beta=0.438$，$P<0.001$），同时目标激励型契约与产品复杂性的交互项也对优先获取供应商绿色创新资源具有显著的正向影响（$\beta=0.232$，$P<0.01$），表明随着产品的复杂性增高，目标激励型契约在促进优先获取供应商绿色创新资源方面发挥着越来越重要的作用，H6－4b 得到验证。由模型 5 可知，目标激励型契约对优先获取供应商绿色创新资源具有显著的正向影响（$\beta=0.431$，$P<0.001$），同时目标激励型契约与技术新颖性的交互项也对优先获取供应商绿色创新资源具有显著的正向影响（$\beta=0.223$，$P<0.01$），表明随着技术的新颖性增高，目标激励型契约在促进优先获取供应商绿色创新资源方面发挥着越来越重要的作用，H6－5b 得到验证。

为验证过程控制契约与优先获取供应商绿色创新资源之间的倒 U 型关系以及阈值点出现的时机，检验步骤如下：以优先获取供应商绿色创新资源作为因变量，首先引入控制变量；将过程控制型契约以及过程控制型契约平方项引入回归方程，分别使用样本总体、低产品复杂性样本、高产品复杂性样本，以及低技术新颖性样本、高技术新颖性样本进行检验，H6－4a 和 H6－5a 的检验结果见表 6－6。根据 Cohen 等提出的阈值计算方法[169]，依次得出低产品复杂性样本、样本总体和高产品复杂性样本倒 U 型阈值点处，过程控制型契约分别达到最大值的 48％、62％和 58％，阈值点变化规律不明晰，拒绝 H6－4a。低技术新颖性样本、样本总体和高技术新颖性样本倒 U 型阈值点处，过程控制型契约分别达到最大值的 89％、62％和 42％，表明技术新颖性越高，阈值点出现得越早，优先获取供应商绿色创新资源的程度越低（如图 6－2 所示），H6－5a 得到验证。

表 6-6 回归分析结果(2)

类别	自变量	因变量:优先获取供应商绿色创新资源									
		样本总体 $N=231$		低产品复杂性 $N=115$		高产品复杂性 $N=116$		低技术新颖性 $N=115$		高技术新颖性 $N=116$	
		模型 1	模型 2	模型 1	模型 2	模型 1	模型 2	模型 1	模型 2	模型 1	模型 2
控制变量	企业规模	0.067	0.081	0.254	0.219	−0.248	−0.166	−0.080	−0.068	0.126	0.157
	成立年限	0.069	0.015	0.091	0.028	0.137	0.073	0.284*	0.204	−0.086	−0.111
	合作时间	0.116	0.186	0.073	0.236	0.174	0.184	0.251	0.236	−0.027	0.154
自变量	PCC		0.268***		0.250*		0.235*		0.298**		0.221*
	PCC^2		−0.211**		−0.263**		−0.204		−0.167		−0.263*
	R^2	0.013	0.15	0.053	0.218	0.023	0.126	0.070	0.211	0.008	0.123
	F	0.962	7.970	2.073	6.142	0.871	3.156	2.805	5.891	0.315	3.062
	调整后 R^2	0.000	0.131	0.027	0.183	−0.003	0.086	0.045	0.175	−0.018	0.083

注:* 表示 $P<0.05$,** 表示 $P<0.01$,*** 表示 $P<0.001$,β 为非标准化回归系数。

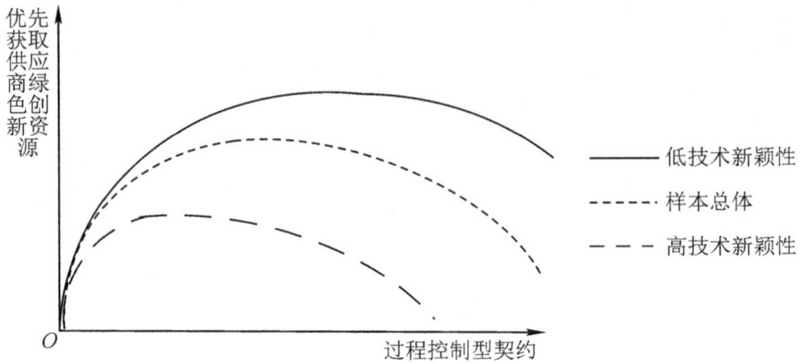

图 6-2　技术新颖性对阈值点出现时机影响的倒 U 型关系示意图

4. 被调节的中介效应

使用 Bootstrap 法分析被调节的中介效应，以调节变量产品复杂性、技术新颖性的均值加减一个标准差，分别对低、中、高三种产品复杂性和技术新颖性情况下的中介作用进行检验，检验结果见表 6-7。对于过程控制型契约，在技术新颖性处于低水平和中等水平下，95%的置信区间分别为[0.042, 0.223]和[0.039, 0.179]，均不包含 0，表明中介作用显著；而高技术新颖性下，95%的置信区间为[-0.003,0.168]，包含 0，即中介作用不显著。两种情景的中介作用具有显著差异。由此可知，供应商参与绿色产品创新中，技术新颖性越高优先获取供应商绿色创新资源在过程控制型契约与供应商参与绿色产品创新效能之间的中介作用越弱，假设 H6-6c 得到验证。

表 6-7　被调节中介效应的 Bootstrap 分析结果(1)

调节变量	PCC→SRPA→SIE			
	点估计	标准误	95%置信区间	
			下限	上限
低技术新颖性	0.122	0.047	0.042	0.223
技术新颖性	0.101	0.036	0.039	0.179
高技术新颖性	0.078	0.044	-0.003	0.168

如表 6-8 所示，对于目标激励型契约，在产品复杂性处于低、中、高水平下，95%的置信区间分别为[0.019,0.151]，[0.043,0.201]和[0.056,0.272]，均不包含 0，置信区间逐渐增加，且 INDEX(特定指标)[170] 值为 0.037，置信区间为[0.004,0.076]，由此可知，供应商参与绿色产品创新中，产品复杂性越高，优先获取供应商绿色创新资源在目标激励型契约与供应商参与绿色产品创新效能之间的中介作用越强，假设 H6-6b 得到验证；在技术新颖性处于低、中、高水平下，95%

的置信区间分别为[0.014,0.170],[0.043,0.192]和[0.060,0.226],均不包含0,置信区间逐渐增加,且INDEX值为0.019,置信区间为[0.001,0.040],由此可知,供应商参与绿色产品创新中技术新颖性越高,优先获取供应商绿色创新资源在目标激励型契约与供应商参与绿色产品创新效能之间的中介作用越强,H6-6d得到验证。

表6-8 被调节中介效应的Bootstrap分析结果(2)

调节变量	TIC→SRPA→SIE							
	点估计	标准误	95%置信区间		特定指数 INDEX	标准误(总)	95%置信区间	
			下限	上限			下限	上限
低产品复杂性	0.075	0.034	0.019	0.151				
产品复杂性	0.116	0.041	0.043	0.201	0.037	0.019	0.004	0.076
高产品复杂性	0.157	0.055	0.056	0.272				
低技术新颖性	0.076	0.041	0.014	0.170				
技术新颖性	0.108	0.038	0.043	0.192	0.019	0.010	0.001	0.040
高技术新颖性	0.139	0.043	0.060	0.226				

6.4 本章结论

采用来自制造业企业的样本数据,从契约治理视角出发,考虑绿色新产品的复杂性和新颖性,探明了供应商参与绿色产品协同创新中契约形式与绿色产品协同创新效能之间的关系。研究得出的主要结论如下。

(1)H6-1b和H6-2b得到验证,表明供应商参与绿色产品创新中,制造企业可以使用目标激励型契约促进优先获取供应商绿色创新资源,进而对供应商参与绿色产品创新效能产生正向影响;H6-1a和H6-2a得到验证,表明供应商参与绿色产品创新中,制造企业在适度范围内使用过程控制型契约也能通过同样的路径对供应商参与绿色产品创新效能产生正向影响,但需要控制在一定范围内,否则将产生完全相反的作用。

(2)H6-3a和H6-3b得到验证,表明供应商参与绿色产品创新中,优先获取供应商绿色创新资源在过程控制型契约/目标激励型契约与供应商参与绿色产品创新效能之间起中介作用。H6-4b和H6-5b得到验证,表明无论是高产品复杂性的情况,还是高技术新颖性的情况,目标激励型契约对优先获取供应商绿色创新资源的促进作用都会被增强。H6-5a(阈值点分别为89%、62%和42%)得到验证,表明当绿色新产品的技术新颖程度较高时,制造企业使用过程控制型契约对优先获取供应商绿色创新资源的负面作用将提前出现并且放大。H6－4a(阈值点分别为48％、62％和58％)未能通过，笔者经分析发现，由于有限理性，面对研发周期长且研发成本高的复杂绿色新产品创新，制造企业无法预测每一个潜在的突发事件并做出事前控制，制造企业采用过程控制型契约便不足以确保整个协同创新过程中不断演进的适应性。因此，面对复杂程度较高的绿色产品创新，过程控制型契约对制造业企业优先获取供应商绿色创新资源的积极作用不显著；H6－4a未通过，也就意味供应商参与绿色产品创新中，过程控制型契约通过优先获取供应商绿色创新资源对供应商参与绿色产品创新效能的中介效应不会受到产品复杂性的调节作用，所以H6－6a不成立。

(3) H6－6b(产品复杂性处于低、中、高水平下，95％的置信区间分别为[0.018，0.151]、[0.043，0.201]、[0.056，0.272])、H6－6d(技术新颖性处于低、中、高水平下，95％的置信区间分别为[0.014，0.170]、[0.043，0.192]、[0.060，0.226])、H6－6c(技术新颖性处于低、中、高水平下，95％的置信区间分别为[0.041，0.223]、[0.039，0.179]、[－0.003，0.168])得到验证，表明供应商参与绿色产品创新中，产品复杂性和技术新颖性均能对目标激励型契约—优先获取供应商绿色创新资源—供应商参与绿色产品创新效能这一组中介关系起正向调节作用；技术新颖性对过程控制型契约—优先获取供应商绿色创新资源—供应商参与绿色产品创新效能这一组中介关系起负向调节作用。

第7章

权力组合视角下绿色产品协同创新效能的提升路径研究

本书3.5节初步认为制造企业使用权力能够影响供应商面向制造企业配置资源的决策，进而决定了供应商参与产品创新中，制造企业能否优先获取供应商绿色创新资源。本章将进一步提出相关研究假设并构建理论模型，通过实证研究揭示制造企业能够有效动员供应商资源的权力策略，以及单独或组合使用不同类型权力的具体形式及影响机制。

7.1 基于权力组合的效能提升路径模型构建与假设

7.1.1 媒介权力的影响

制造企业为了特定原因惩罚供应商，是制造企业对供应商施加的竞争性刺激[171]。供应商参与产品创新的过程中，惩罚最直接表明了制造企业对供应商的诉求，有助于引起供应商高层的重视。供应商为了避免被竞争对手取代，或避免更大的利益损失，将愿意按照制造企业的需要优先配置绿色创新资源。但随着对供应商惩罚力度的持续增加，在客观上也展示了制造企业的不满，降低了供应商对双方关系可持续性的认知，反而不利于供应商保持参与产品创新的积极性。更重要的是，制造企业频繁行使惩罚权本质上是通过威胁和处罚的方法控制供应商[172]，这不仅损害了供应商的利益，还对供应商的自主经营权造成威胁，降低了供应商对双方关系的满意度。故而，随着惩罚力度的持续增大，供应商参与产品创新的意愿将随之降低。据此，提出如下假设：

H7－1a：制造企业使用惩罚权与优先获取供应商绿色创新资源之间存在倒U型关系。

制造企业的奖赏权与企业面向供应商输送利益的能力密切相关[7]。供应商参与产品创新的过程中，如果供应商能够通过制造企业的奖赏权收获大量实际利益，供应商为了延续这一关系，更有可能满足制造企业对供应商绿色创新资源的需求。与此同时，奖赏还有助于供应商产生一种特定预期，即未来积极参与制造企业的产品创新项目能获得大量额外利益。基于社会交换理论，制造企业向供应商提供了更多额外利益，供应商也将产生回馈制造企业的意愿[173]。故而，使用奖赏权有助于制造企业优先获取供应商的绿色创新资源。此外使用奖赏权是对供应商价值的肯定，能够提升供应商对其参与产品创新项目的自我效能感，故而愿意优先面向制造企业的产品创新配置绿色创新资源。据此，提出如下假设：

H7－1b：制造企业使用奖赏权正向影响供应商绿色创新资源的优先获取。

制造企业频繁使用奖赏权意味着对供应商进行正强化，而频繁使用惩罚权代表制造企业对供应商进行负强化。同时使用正强化和负强化不仅并行不悖，而且还能起到彼此促进的作用，即“胡萝卜加大棒”激励理论[174]。Finkelstein 和 Fishbach 也认为，被惩罚的企业如能在被惩罚的同时积累了更多有用的知识，企业很可能会将负面反馈作为未来获得奖励的契机[175]。由此可见，供应商参与产品创新的过程中，制造企业对供应商同时进行惩罚和奖励，使供应商认为制造企业对其施加惩罚，只是为了引导供应商在某些方面取得进步，不仅抑制了惩罚对双方关系的负面影响，同时也更加凸显了惩罚作为负强化在激励供应商优先面向制造企业配置绿色创新资源的积极作用。据此，提出如下假设：

H7－1c：制造企业使用惩罚权越频繁，奖赏权的使用与优先获取供应商绿色创新资源之间的正向关系越强。

制造企业优先获取供应商资源，对新产品开发项目的成功具有重要价值。实现新产品创新通常需要系统更换原材料和零部件，对原有设计逻辑和技术进行全面更新。优先获取供应商的技术知识、创新人才和研发设备有助于制造企业及时补充相关技术信息，降低研发风险，从而克服由于追求产品创新而导致的创新效率问题。此外，制造企业成为供应商的优先客户后，优先获取的不仅是原材料、零部件和服务等通用型资源，还包括优先获得供应商关系专用性资源的投入，如专门针对制造企业需求而进行相关工艺、材料和组织机构创新，专门为制造企业开发关键技术，等等，这不仅保证了供应商参与产品创新的速度和质量，而且更有针对性。据此，提出如下假设：

H7－2：供应商资源的优先获取正向影响供应商参与绿色产品创新效能。

7.1.2 非媒介权力的调节作用

供应商参与产品创新的过程中，制造企业对供应商具备专家权，表明供应商认可制造企业的专业能力，这有利于供应商接受制造企业对产品创新项目执行情况的评估，理解项目进行过程中的特定需求，对产品创新过程中频繁的变化也更容易达成共识。故而，随着供应商对制造企业专家权认知的增加，供应商参与制造企业主导产品创新项目的成本及效率都将得到显著改善。此外，专家权在客观上反映了供应商对制造企业技术、管理和商业等全方位专业能力的认可[171]，随着专家权的增加，供应商对制造企业主导的产品创新项目能够成功的预期也将随之增高，从而降低了供应商对协同创新风险的感知。因此，在同等奖励水平下，供应商更愿意面向具有更高专家权的制造企业配置绿色创新资源。据此，提出如下假设：

H7-3a：制造企业的专家权越大，使用奖赏权与优先获取供应商绿色创新资源之间的正向关系越强。

制造企业的感召权实际反映了供应商对制造企业组织目标、管理理念、价值观等方面的认可度，企业之间此类认同度越高，越希望对方取得成功[176]。供应商参与产品创新的过程中，供应商更愿意在获得合理奖赏的前提下，帮助感召权更高的制造企业开展产品创新协同。此外，供应商对制造企业的认可，在一定程度上反映了供应商对制造企业可靠性和声誉信任的水平。在此基础上，将增进供应商对制造企业公平分配协同创新收益的预期，同时降低供应商对制造企业在创新协同中机会主义行为风险的认知，降低创新协同过程中的交易成本。因此，在同等奖励水平下，供应商更愿意面向具有更高感召权的制造企业配置绿色创新资源。据此，提出如下假设：

H7-3b：制造企业的感召权越大，使用奖赏权与优先获取供应商绿色创新资源之间的正向关系越强。

由于特殊的历史渊源、股权结构和契约等原因，某些供应商愿意自觉接受制造企业的影响，此时满足制造企业的需求成为供应商的义务，这正是制造企业对供应商法定权的体现[176]。当制造企业具有法定权时，双方关系对供应商具有很强的不可替代性。此时，掌握法定权的制造企业给予供应商的奖赏更容易超出供应商预期，使制造企业通过奖赏权激励供应商参与产品创新的效果更加明显。此外，供应商熟悉并适应制造企业的管理流程、设计和测试标准等，是制造企业建立法定权的基础[177]。供应商参与产品创新中，供应商对制造企业的熟悉和适应简化了创新协同工作，使供应商通过事前管理，控制协作成本变得更为可行。故而，在同等奖励力度下，供应商更愿意面向具有更高法定权的制造企业配置绿色创新资源。据此，提出如下假设：

H7-3c：制造企业的法定权越大，使用奖赏权与优先获取供应商绿色创新资源之间的正向关系越强。

专家权通常表现为制造企业拥有供应商需要的专业知识或技术能力，供应商保持与制造企业的合作关系获取更大收益的期望随之增加[171]。为了维护这种关系，供应商对制造企业进行关系回报的意愿更强。因此，供应商参与产品创新中，即使制造企业的惩罚使供应商不能获得理想的回报，供应商也不可能轻易放弃参与机会。也就是说，由于制造企业具有专家权，供应商为了获取有助于企业长远利益的专业技术知识，对制造企业惩罚的承受力显著增加，从而延缓了惩罚权与制造企业优先获取供应商绿色创新资源之间倒 U 型关系阈值点出现的时机。据此，提出如下假设：

H7－4a：制造企业的专家权越大，惩罚权与优先获取供应商绿色创新资源之间倒 U 型关系阈值点出现得越晚，优先获取供应商绿色创新资源所能达到的最高水平也就越高。

认同权之所以能够对供应商行为或决策产生影响，是因为供应商对制造企业经营方式、价值观和行为规范具有正面预期[130]。然而，制造企业频繁使用惩罚权很可能导致供应商对制造企业的良好预期完全落空，上述来自供应商的欣赏或认可被彻底颠覆。制造企业表里不一的行径不仅会显著降低供应商对关系的满意度[37]，同时由于制造企业的惩罚明显超出了供应商的预期，将给供应商带来更大的经济损失，扩大了惩罚对供应商的负面影响。由此可见，供应商参与产品创新中，当制造企业频繁使用惩罚权时，供应商对制造商感召权的认知越高，惩罚本身对双方关系及供应商的危害就越大，供应商对制造企业惩罚的承受力显著降低，从而使惩罚权与制造企业优先获取供应商绿色创新资源之间倒 U 型关系的阈值点提前出现。据此，提出如下假设：

H7－4b：制造企业的感召权越大，惩罚权与优先获取供应商绿色创新资源之间倒 U 型关系阈值点出现得越早，优先获取供应商绿色创新资源所能达到的最高水平也就越低。

拥有较高法定权的制造企业能够获取并支配的经济和社会资源更多[178]。供应商参与产品创新中，制造企业凭借这些资源能够更好地解决协同创新过程中的各种矛盾，摆脱产品创新过程中可能遇到的僵局，并最小化外界对创新的干扰，从而降低供应商对产品创新风险的预期。此外，制造企业掌握较大的法定权力还意味着，供应商认为服从制造企业是社会期望和外部认可的行为，甚至受法律保护[177]，增加了供应商退出产品创新协同的成本。由此可见，由于制造企业具有法定权，供应商对制造企业惩罚的承受力显著增加，从而延缓了惩罚权与制造企业优先获取供应商绿色创新资源之间倒 U 型关系阈值点出现的时机。据此，提出如下假设：

H7－4c：制造企业的法定权越大，惩罚权与优先获取供应商绿色创新资源之间倒 U 型关系阈值点出现得越晚，优先获取供应商绿色创新资源所能达到的最高水平也就越高。

基于以上假设论证，构建概念模型如图 7－1 所示，认为制造企业使用权力能够影响供应商面向制造企业配置资源的决策，进而决定了供应商参与产品创新中，制造企业能否优先获取供应商的资源。如果制造企业能够通过恰当的权力组合策略优先获取上述资源，将显著提升产品创新协同中供应商的参与效能。

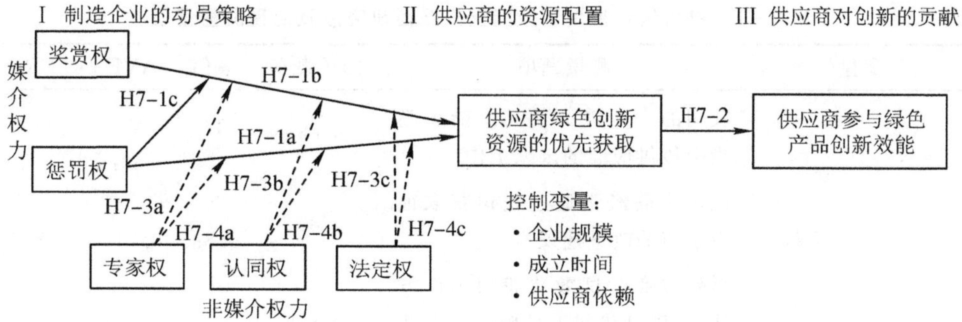

图 7-1 权力组合视角下效能提升路径概念模型

7.2 权力组合视角下的实证研究设计

7.2.1 测量量表的编制

基于对国内外研究成果的全面梳理,编制和提炼相关变量的测量题项,进而完成对理论模型中涉及变量的操作化定义。本研究采用李克特七级量表的形式,其中 1 表示完全不同意,7 表示完全同意,具体分三步进行:首先,根据已有文献以及企业相关管理人员的半结构化访谈形成初始测量量表。尽管研究涉及的所有变量均以权威研究中曾经使用的测量量表为基础,为了使量表更加清晰明确,对相关测量题项进行了必要修改。其次,为了确保题项能准确测量相应变量,在征求 8 位从事企业间协同创新与供应链管理研究的专家的意见后,再次对量表进行修改。最后,选择 25 家制造企业小规模地发放问卷,根据试验性问卷发放的反馈情况,完成对量表的最终修正。由于研究情境中,涉及多种因素的共同作用。为了提高研究结论的准确性,选取样本企业的规模、成立时间以及供应商对关系的依赖程度作为控制变量。这是因为,企业规模、成立时间以及关系依赖均有可能导致制造企业对供应商吸引力的变化,进而影响供应商资源配置的意愿。研究涉及变量的测量量表见表 7-1。

7.2.2 数据收集与缺省检验

本研究基于企业间协同创新的情境展开,为确保问卷回收的有效性,不仅选取了以精密仪器、新材料、微电子、生物医药为代表的先进制造业企业,还包括了化工、机械制造、食品、纺织服装等传统制造业企业。通过检索各行业协会的企业成员目录,随机性地选取 1000 个公司建立初始样本。在相关领域招聘服务机构的配合下,收集样本企业中目标受测人员的信息,选择对公司与供应商协同创新业务比

表 7-1　权力组合视角下效能提升路径研究涉及变量测量量表

变量		测量题项	因子载荷	α值	AVE	CR
制造企业非媒介权力	专家权	我司的专业能力使其总能正确指引该供应商的未来工作	0.928	0.895	0.745	0.897
		该供应商经常通过我司获取很有价值的改进建议	0.854			
		该供应商尝试效法我司工作方法,原因是我司人员曾受过专业培训	0.802			
	认同权	该供应商试图追随我司,原因是非常欣赏我司的价值观	0.921	0.926	0.808	0.927
		该供应商试图与我司的经营理念和方式保持一致	0.890			
		该供应商遵从我司的要求,原因是与我司合作令该供应商感到自豪	0.885			
	法定权	依从我司的要求是该供应商的责任	0.934	0.931	0.812	0.931
		即使我司的要求不在合约范围内,该供应商也有义务依从我司	0.883			
		社会各界都期望该供应商依从我司的要求	0.895			
制造企业媒介权力	奖赏权	如果该供应商不依从我司的要求,将得不到来自我司的相应优待	0.867	0.935	0.787	0.937
		如果该供应商依从我司,我司总能通过其他途径回报该供应商	0.937			
		如果该供应商依从我司,将规避很多其他供应商所必须面对的问题	0.862			
		为了使该供应商依从我司的意愿,经常对该供应商进行奖励	0.880			

续表

变量		测量题项	因子载荷	α值	AVE	CR
制造企业媒介权力	惩罚权	如果发现该供应商没有依从我司要求,总会找各种机会报复该供应商	0.932	0.954	0.840	0.955
		我司经常暗示如不遵从要求,将采取旨在降低该供应商利润的行动	0.892			
		如果该供应商违背我司要求,我司很可能削减对该供应商的采购订单	0.912			
		如果该供应商不采纳我司的建议,我司很可能设法刁难该供应商	0.930			
供应商绿色创新资源的优先获取		相对竞争对手而言,该供应商在我司的新产品项目中开放共享关键绿色技术知识	0.912	0.953	0.830	0.961
		相对竞争对手而言,该供应商在我司的新产品项目中及时分享相关绿色创意	0.918			
		相对竞争对手而言,该供应商在我司的新产品项目中积极派遣掌握绿色技术的人员	0.894			
		相对竞争对手而言,该供应商在我司的新产品项目中大量投放用于绿色创新的设备	0.936			
		相对竞争对手而言,该供应商在我司的新产品项目中开放共享绿色产品创新经验	0.895			

续表

变量		测量题项	因子载荷	α值	AVE	CR
供应商参与绿色产品创新效能		该供应商参与我司绿色产品创新时,与我司开放共享关键技术及最新知识	0.926	0.951	0.833	0.952
		该供应商参与我司绿色产品创新时,总是能履行其有关产品创新的职责和承诺	0.892			
		该供应商参与我司绿色产品创新时,对新产品的最终功能实现发挥了关键作用	0.918			
		该供应商参与我司绿色产品创新时,针对新产品特定需求做出了重要的适应和调整	0.915			
		该供应商参与我司绿色产品创新时,高效达成了绿色产品创新的目标	0.893			
控制变量	企业规模	贵公司员工总数,其中包括第三方劳动派遣人员				
	成立时间	问卷回答日期与贵司注册登记日期之间的差值				
	关系依赖	近三年来,我司对该供应商的订单占其年销售额之比				

注:受测人员从制造企业视角披露企业与某个供应商之间关系的细节,所有问题均围绕这一组关系展开,"我司"指这组关系中的制造企业。

较熟悉的产品经理、供应链经理、研发主管以及企业高管回答问卷,并通过电子邮件、电话沟通和现场采集相结合的方法分两阶段发放问卷。为了减少由于受测人员拒绝回答问卷而导致的样本作废问题,对相同企业的不同人员发放问卷,共计发放问卷 2000 份,为保护企业商业机密并增加有效问卷回收率,特别提示受测人员无须披露供应商的具体信息,但需要选择其非常了解的供应商回答问卷。

由于样本企业所在不同行业的产品创新流程差异较大,对产品创新的管理模式也各不相同,故而问卷发放的随机性需要优先保证。但受制于研究团队的影响力和研究经费,保证随机性便很难兼顾问卷回收率。为确保每份问卷均能准确反映一组制造商-供应商关系的实际情况,相同企业不同人员回答的问卷只保留一份，并剔除其他不合格问卷，共计获得有效问卷 229 份。剔除的问卷包括受测对象所在该企业不具备本研究所需的理想情景，即排除制造企业没有在研或已完成供应商参与产品创新项目经验的情况，也不接受项目尚处于初始阶段的情况。此外，即便具备理想情景，如果所有参与协同创新项目的供应商中，没有一个供应商是受测对象非常了解的，该问卷也将被剔除。最终有效问卷回收率为 11.45%，尽管回收率整体偏低，但类似情况在该领域实证研究中并不罕见[23]。对样本企业特征的描述性统计发现（见表 7-2），样本企业所在行业、成立时间、企业规模和关系依赖的分布整体比较均衡。对受测人员特征的统计发现，受测人员多为企业中高层管理者，平均从业时间 15.2 年，所在职位任职平均任职时间 4.9 年，符合研究需要。由于缺省问卷数量巨大，需要检验样本能否反映总体。针对供应链管理实证研究的特点，国外学者提出根据不同轮次回收问卷相同题项之间的差异，以及有效问卷与缺省问卷之间基本信息的差异判定问卷缺省影响的缺省检验法[151]。按照该方法，通过 t 检验发现两轮问卷在相同题项之间的差异不显著。同时，随机选取 100 个缺省的初始样本企业作为缺省问卷样本，对该样本的行业类型、企业规模、关系依赖、成立时间等方面的信息，对比有效问卷中的此类信息进行 t 检验，发现两组样本在公司基本信息方面的差异不显著。以上结果证明问卷回收通过了缺省检验，符合研究要求。有效问卷的描述性统计见表 7-2。

表 7-2 权力组合视角下效能提升路径研究样本基本信息统计

类别	样本类型	样本分布数量/份	类别	样本类型	样本分布数量/份
产业细分	传统制造业（化工、机械、纺织服装等）	122	成立时间	不足 2 年	31
				2～5 年	59
	先进制造业（精密仪器、新材料、微电子工业等）	107		5～15 年	77
				15～40 年	41
				40 年以上	21
企业规模	100 人以下	14	关系依赖（近三年对该供应商的订单占其年销售额之比）	不足 1%	21
	100～500 人	76		1%～5%	104
	500～2000 人	81		5%～10%	83
	2000～10000 人	42		10%～20%	18
	10000 人以上	16		20%以上	3

注：表中涉及的范围，均取下而不取上，例如，“100 人以下”不包括 100 人，“100～500 人”包括 100 人但不包括 500 人，“10000 人以上”包括 10000 人。

7.3 权力组合视角下效能提升路径的实证分析

7.3.1 信效度检验

为避免问卷数据的同源性问题，采用单因素分析法进行同源方差检验，单一因子测量模型(CFA)拟合参数为：$\chi^2/df=12.412$，GFI 为 0.410，NFI 为 0.256，RMSEA 为 0.224。参数与参数理想值差距巨大。在未转轴的情况下进行因子分析(EFA)，最大因子对总方差的解释度为 23.58%，所有因子的总方差解释度为 83.17%，可见并未解释大部分方差变异。以上检验结果表明，同源性问题不会对实证检验结果造成影响。

为了保证内容效度，对于本研究涉及变量测量量表的开发，都是基于已发表学术论文中类似的变量及其测量工具(见表7-1)，且在量表开发过程中参考了该领域专家学者和公司高管的建议；为了检验变量的内部一致性，利用 SPSS 软件计算研究所涉及变量的 Cronbach's α 系数，计算结果显示均大于 0.8 的理想标准；为检验收敛效度，对研究变量进行验证性因子分析，同时基于 AMOS 软件计算各变量涉及题项的标准化因子负荷，计算结果显示负荷均远超出 0.6 的理想值(见表7-1)，并据此计算各变量的平均方差抽取变异(AVE)和组合信度(CR)，计算结果显示各变量的 CR 值均优于 0.7 的标准，AVE 值均优于 0.5 的标准；最后为检验判别效度，对比各个变量的 AVE 值与其他研究变量之间相关系数。如表7-3所示，任意变量与除控制变量外的其他研究所涉及变量的相关系数值，都明显小于该变量 AVE 值的平方根，检测结果符合要求。

7.3.2 假设检验

表7-3反映了各变量的描述性统计值和相关系数矩阵。结果显示，奖赏权、惩罚权与优先获取供应商绿色创新资源之间显著相关。同时，供应商绿色创新资源的优先获取与供应商参与绿色产品创新效能之间相关性显著，初步验证了本研究所提的部分假设。完成后续假设检验的思路如下：一是通过构建结构方程模型，验证理论模型中属于直接相关关系的假设；二是通过构建多元回归模型，验证理论模型中有关倒 U 型关系及调节作用的假设。

首先，为验证涉及奖惩权、供应商绿色创新资源优先获取、供应商参与绿色产品创新效能三者之间关系的假设，构建结构方程模型。利用 AMOS 软件进行分

表 7-3 描述性统计和相关系数

变量	均值	标准差	1	2	3	4	5	6	7	8	9
1. 奖赏权	4.429	1.394	(0.887)								
2. 惩罚权	4.366	1.093	−0.019	(0.917)							
3. 专家权	4.393	1.233	0.052	0.104	(0.863)						
4. 认同权	4.396	1.237	−0.102	0.054	0.017	(0.899)					
5. 法定权	4.336	1.483	−0.101	0.062	0.006	−0.329**	(0.901)				
6. 供应商绿色创新资源的优先获取	4.484	1.331	0.493**	0.185**	−0.026	0.058	0.053	(0.911)			
7. 供应商参与绿色产品创新效能	4.383	1.374	0.257**	0.157*	−0.071	0.016	−0.015	0.498**	(0.913)		
8. 企业规模	2.869	1.013	0.027	−0.046	−0.062	−0.081	−0.012	−0.048	0.11	—	
9. 企业年龄	2.847	1.146	0.043	0.038	−0.134**	−0.107	0.007	0.037	0.153*	0.379**	—
10. 关系依赖	2.467	0.819	−0.060	0.188**	−0.048	0.142*	−0.121	0.062	0.086	0.143*	0.076

注：N=221，** 表示在 0.01 水平(双侧)上显著相关，* 表示在 0.05 水平(双侧)上显著相关，对角线上数值是各因子 AVE 平方根。

析，结果显示该模型的显著性水平为 0.243，$\chi^2/df=1.129$，GFI 为 0.96，RMSEA 为 0.024，PNFI 为 0.772，PGFI 为 0.64，AGFI 为 0.94、NFI 为 0.98。以上指标反映了模型的拟合度比较理想。据此，否定原假设，接受被择假设。此外，通过该结构方程模型计算潜变量之间的关系，制造商奖赏权与制造企业优先获取供应商绿色创新资源之间的标准化路径系数 $\beta=0.488$，T 值为 7.997 且 $P<0.001$，证明了假设 H7－1b 成立；供应商绿色创新资源的优先获取与供应商参与绿色产品创新效能之间的标准化路径系数 $\beta=0.559$，T 值为 8.298 且 $P<0.001$，证明假设 H7－2 成立。由于假设 H7－1a 涉及倒 U 型关系，将在最后验证。

其次，构建多元回归分析模型（分析结果见表 7－4），验证非媒介权力对奖赏权与供应商资源的优先获取之间关系的调节作用，将供应商绿色创新资源的优先获取作为因变量，采用层级回归分析检验研究所提假设。本研究前期通过均值中心化进行数据处理，以克服共线性导致的偏差。具体分析流程如下：引入研究设计的三个控制变量产生模型 1，发现结果均不显著；将奖赏权引入产生模型 2，在 $P<0.001$的显著性水平下调整后 $R^2=0.259$，再次证明了假设 H7－1b 成立；引入奖赏权与惩罚权的交互项产生模型 3，交互项在 $P>0.05$ 的显著性水平下交互项 $\beta=0.086$，这表明惩罚权对奖赏权与供应商绿色创新资源的优先获取之间关系不存在正向调节作用，假设 H7－1c 不成立。为了检验专家权、认同权和法定权的调节作用，引入奖赏权与专家权的交互项，产生模型 4，$P<0.01$ 的显著性水平下交互项 $\beta=0.176$、$F=18.013$、调整后 $R^2=0.272$，表明专家权对奖赏权与供应商绿色创新资源的优先获取之间关系存在显著正向调节作用，假设 H7－3a 成立；引入奖赏权与认同权的交互项，产生模型 5，$P<0.001$ 的显著性水平下交互项 $\beta=0.231$、$F=20.137$、调整后 $R^2=0.296$，表明认同权对奖赏权与供应商绿色创新资源的优先获取之间关系存在显著正向调节作用，假设 H7－3b 成立；引入奖赏权与法定权的交互项，产生模型 6，$P<0.05$ 的显著性水平下交互项 $\beta=0.149$、$F=17.369$、调整后 $R^2=0.264$，表明法定权对奖赏权与供应商绿色创新资源的优先获取之间关系存在正向调节作用，假设 H7－3c 成立。上述回归分析结果见表 7－4。

最后，为了验证理论模型中涉及的倒 U 型关系以及阈值点出现时机的假设，再次构建回归分析模型。回归分析步骤如下：将控制变量引入多元回归方程；以供应商绿色创新资源的优先获取作为因变量，将惩罚权以及惩罚权的平方项引入回归方程，分别使用样本总体、低认同权样本和高认同权样本进行检验，回归分析结果如表 7－5 所示。

表 7－4 回归分析结果(1)

自变量	因变量:供应商绿色创新资源的优先获取					
	模型 1	模型 2	模型 3	模型 4	模型 5	模型 6
企业规模	−0.082 (−1.131)	−0.092 (−1.472)	−0.096 (−1.533)	−0.07 (−1.131)	−0.082 (−1.349)	−0.107 (−1.717)
企业年龄	0.063 (0.877)	0.043 (0.692)	0.048 (0.778)	0.013 (0.212)	0.041 (0.68)	0.053 (0.863)
关系依赖	0.069 (1.033)	0.102 (1.755)	0.108 (1.852)	0.092 (1.595)	0.11 (1.958)	0.093 (1.607)
奖赏权		0.5*** (8.655)	0.499*** (8.66)	0.527*** (9.178)	0.474*** (8.448)	0.506*** (8.87)
奖赏权×惩罚权			0.086 (1.49)			
奖赏权×专家权				0.176** (3.021)		
奖赏权×认同权					0.231*** (4.123)	
奖赏权×法定权						0.149* (2.596)
R^2	0.011	0.259	0.266	0.288	0.311	0.28
F 值	0.801	19.526	16.150	18.013	20.137	17.369
调整 R^2	−0.003	0.245	0.249	0.272	0.296	0.264

注：* 表示 $P<0.05$，** 表示 $P<0.01$，*** 表示 $P<0.001$，β 为标准化回归系数，括号内为系数。

表 7－5 回归分析结果(2)

自变量	因变量：供应商绿色创新资源的优先获取					
	样本总体 $N=229$		低认同权样本 $N=114$		高认同权样本 $N=115$	
	模型 1	模型 2	模型 1	模型 2	模型 1	模型 2
企业规模	－0.082 (－1.131)	－0.010 (－0.15)	－0.091 (－0.862)	0.031 (0.343)	－0.072 (－0.717)	0.000 (0.003)
企业年龄	0.063 (0.877)	－0.014 (－0.212)	0.143 (1.359)	0.008 (0.089)	0.022 (0.222)	－0.016 (－0.171)
关系依赖	0.069 (1.033)	0.104 (1.673)	0.026 (0.262)	－0.005 (－0.063)	0.059 (0.624)	0.113 (1.247)
惩罚权		0.221*** (3.597)		0.411*** (4.844)		0.094 (1.053)
惩罚权平方项		－0.281*** (－6.8)		－0.282*** (－6.068)		－ 0.292*** (－4.188)
R^2	0.011	0.204	0.019	0.332	0.007	0.153
F 值	0.801	11.454	0.695	10.743	0.274	3.932
调整后 R^2	－0.003	0.187	－0.008	0.301	－0.019	0.114

注：* 表示 $P<0.05$，** 表示 $P<0.01$，*** 表示 $P<0.001$，β 为非标准化回归系数，括号内为系数 T 值。

数据分析表明(见表 7－5)，惩罚权平方项负向影响供应商产品创新性($\beta=-0.281$，$P<0.001$)。在只考虑相关性的基础之上，认为惩罚权与供应商绿色创新资源优先获取之间呈现倒 U 型关系，即惩罚权与优先获取供应商绿色创新资源之间的关系先期为正向，当惩罚权的强度继续增加，先期得到的正向关系将逐渐变弱，H7－1a 得到验证。根据 Cohen 等提出的阈值计算方法[179]，并参照表 7－5 中的相应数值，分别求出低认同权样本、样本总体和高认同权样本倒 U 形曲线零斜率点处，惩罚权分别达到最大值的 72.9%、39.3%和 16.1%，也就是说认同权实际控制了阈值点出现的时机。整体而言，认同权越低，阈值点出现得越晚，制造企业能够优先获取供应商绿色创新资源的程度越高(如图 7－2 所示)。据此认为，假设 H7－4b 成立。

基于上述方法，根据表 7－5 和表 7－6 中的相应数值，分别求出低专家权样本、样本总体和高专家权样本倒 U 形曲线零斜率点处，惩罚权分别达到最大值的 25.7%、39.3%和 51.4%，也就是说专家权决定阈值点出现的时机。整体而言，专家权越高，阈值点出现得越晚，制造企业能够优先获取供应商绿色创新资源的程度越高(如图 7－2 所示)，假设 H7－4a 得到验证。最后，分别求出低法定权样本、样

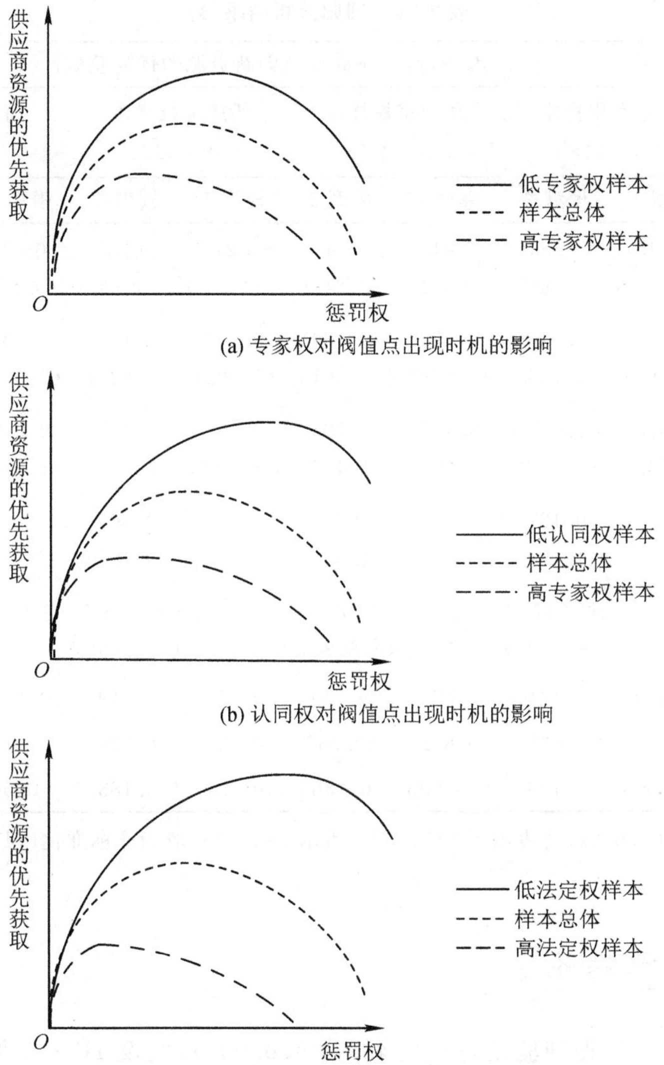

(a) 专家权对阀值点出现时机的影响

(b) 认同权对阀值点出现时机的影响

(c) 法定权对阀值点出现时机的影响

图 7-2 倒 U 型关系示意图

本总体和高法定权样本倒 U 形曲线零斜率点处，惩罚权分别达到最大值的 11.2%、39.3%和 75.9%，也就是说法定权实际控制了阈值点出现的时机。整体而言，法定权越高，阈值点出现得越晚，制造企业能够优先获取供应商绿色创新资源的程度越高（如图 7-2 所示），假设 H7-4c 得到验证。

表 7-6　回归分析结果(3)

自变量	因变量:供应商绿色创新资源的优先获取							
	低专家权样本 $N=116$		高专家权样本 $N=113$		低法定权样本 $N=115$		高法定权样本 $N=114$	
	模型 1	模型 2	模型 1	模型 2	模型 1	模型 2	模型 1	模型 2
企业规模	−0.154 (−1.515)	−0.09 (−0.946)	0.042 (0.402)	0.147 (1.647)	−0.244* (−2.506)	−0.237* (−2.637)	0.026 (0.251)	0.145 (1.594)
企业年龄	0.067 (0.667)	0.016 (0.165)	0.029 (0.279)	−0.091 (−1.018)	0.105 (1.092)	0.118 (1.324)	0.024 (0.231)	−0.135 (−1.483)
关系依赖	0.013 (0.142)	0.051 (0.577)	0.124 (1.269)	0.126 (1.407)	−0.017 (−0.18)	0.035 (0.4)	0.099 (1.028)	0.027 (0.32)
惩罚权		0.127 (1.459)		0.385*** (4.317)		0.064 (0.755)		0.44*** (5.106)
惩罚权平方项		−0.247*** (−4.236)		−0.375*** (−6.244)		−0.286*** (−4.699)		−0.29*** (−5.498)
R^2	0.020	0.174	0.022	0.320	0.057	0.219	0.024	0.304
F 值	0.769	4.632	0.832	10.062	2.233	6.098	0.916	9.421
调整后 R^2	−0.006	0.136	−0.005	0.288	0.031	0.183	−0.002	0.271

注:* 表示 $P<0.05$,** 表示 $P<0.01$,*** 表示 $P<0.001$,β 为非标准化回归系数,括号内为系数 T 值。

7.4　本章结论

假设 H7-1b 得到验证($\beta=0.488, P<0.001$),假设 H7-2 得到验证($\beta=0.559, P<0.001$),表明供应商参与绿色产品创新中,制造企业能够通过使用奖赏权实现供应商资源的优先获取,进而提高绿色产品协同创新效能。同时,假设 H7-1a得到验证(惩罚权平方项在 $P<0.001, \beta=-0.281$),表明制造企业使用惩罚权也能通过相同路径提升供应商参与绿色产品创新效能,但惩罚权的使用必须控制在适度的范围内,否则将产生完全相反的影响。目前,国外研究已经就权力对供应商的影响进行了探讨,但研究结果表明奖赏权和惩罚权的使用效果完全相反[3]。本研究发现,该结论并不完全适用于我国制造业上下游企业间的产品创新协同,我国制造企业如能将惩罚保持在适度范围内,会产生类似于奖赏权的正面影响。这是因为,在中国,战略合作关系的形成意味着“关系”“人情”和“面子”等因素

的嵌入。由于本研究的样本全部来自中国制造业，上述因素会在一定程度上抑制惩罚权产生的负面作用。

假设 H7 - 1c 未能得到验证（奖惩权交互项在 $P>0.05$，$\beta=0.086$），表明供应商参与产品创新的情境中，制造企业同时对供应商使用奖赏权和惩罚权，即采取“胡萝卜加大棒”的激励方式，并不能放大制造企业使用奖赏权所产生的正向影响。分析认为，很可能是由于供应商对关系依赖程度不高，导致数据分析结果未能达成预期（关系依赖均值为 2.467 分）。由于供应商的损失规避偏好，当供应商拥有充分的自主选择权时，对损失与获得的敏感程度不对称，即面对损失的痛苦感要大大超过面对获得的快乐感[180]。故而，此时供应商很可能为了规避惩罚造成的损失，宁可放弃通过参与项目获得更多奖赏的机会。以上研究结论对基于强化理论的供应商激励机制设计具有一定参考价值。

当企业使用奖赏权时：假设 H7 - 3a（$\beta=0.176$、$F=18.013$、调整后 $R^2=0.272$）、假设 H7 - 3b（$\beta=0.231$、$F=20.137$、调整后 $R^2=0.296$）、假设 H7 - 3c（$\beta=0.149$、$F=17.369$、调整后 $R^2=0.264$）被证实，表明供应商参与产品创新中，无论制造企业掌握专家权、感召权或法定权，均能放大奖赏权对制造企业优先获取供应商绿色创新资源的正向作用。当企业使用惩罚权时，假设 H7 - 4a 得到验证［见图 7 - 2(a)专家权对阈值点出现时机的影响］，表明当制造企业拥有较大的专家权时，制造企业使用惩罚权对优先获取供应商绿色创新资源的负面作用将被延缓并缩小；假设 H7 - 4b 得到验证［见图 7 - 2(b)认同权对阈值点出现时机的影响］，表明当制造企业掌握较大感召权时，制造企业使用惩罚权对优先获取供应商绿色创新资源的负面作用将被提前并放大；假设 H7 - 4c 得到验证［见图 7 - 2(c)法定权对阈值点出现时机的影响］，表明当制造企业掌握较大法定权时，制造企业使用惩罚权对优先获取供应商绿色创新资源的负面作用被延缓并缩小。霍宝锋等的研究中涉及了供应链整合中媒介权力和非媒介权力的影响，但却仅探讨了供应商非媒介权力对制造企业关系承诺的直接作用，且绝大部分有关非媒介权力的假设均未通过检验[130]。本研究进一步探讨了制造企业非媒介权力的间接作用，发现当制造企业使用奖赏权动员供应商资源时，无论制造企业具有何种非媒介权力，都能放大制造企业奖赏权的影响，但当制造企业使用惩罚权动员供应商的资源时，三种非媒介权力的调节作用却存在明显差异。

第8章

供应商开发视角下绿色产品协同创新效能的提升路径研究

本书3.5节已经对制造企业通过绿色供应商开发提升企业绿色产品协同创新效能的路径进行了初步探索，本章进一步提出相关研究假设和理论模型，针对制造商-供应商绿色产品协同创新的情境，通过实证研究探明直接和间接绿色供应商开发对供应商参与绿色产品创新效能的影响，以及不同形式供应商开发的协同效应。此外，本章还将通过实证研究揭示供应商参与绿色产品创新中，供应商组织兼容和组织互补可能产生的调节作用及其作用形式的异同。

8.1 基于供应商开发的效能提升路径模型构建与假设

8.1.1 绿色供应商开发的影响

直接绿色供应商开发的实践形式包括制造企业就有关绿色工艺、技术和管理的问题开展教育活动，以及制造企业直接向供应商派遣相关技术人员，为供应商提供现场咨询[138]。故而，直接绿色供应商开发属于一种高水准的人际互动，能够高效完成制造企业向供应商的知识转移，通过相关技术知识的转移，帮助供应商提高了企业的技术能力，客观上也提高了供应商自身的竞争力，增加了供应商对双方关系的满意度。根据社会交换理论，为回报制造企业带来的额外利益，供应商将更主动地向制造企业提供产品创新所需的各种资源[136]，例如将研发人员优先派遣到制造企业开展产品研发工作，并投资于特定的设备帮助制造企业进行绿色产品创新。据此，提出如下假设：

H8－1a：直接绿色供应商开发正向影响供应商资源的优先获取。

间接绿色供应商开发的常见实践形式包括供应商绿色评估、交流供应商绿色绩效评价结果和绩效目标等，并基于评价考核结果对供应商进行奖励[138]。制造企业通过间接绿色供应商开发，为供应商的行为制定了标准和常规程序，有助于消除双重标准，减少供应商对制造企业绿色要求的误解，从而有效避免了协同创新过程中的冲突。此外，正式化的供应商评估，有助于供应商对制造企业的能力和专业性形成正面认知，从而增进供应商对制造企业的信任。制造商可信可以提升供应商面向制造企业产品创新而配置资源的意愿[156]。此外，间接绿色供应商开发也可以作为一种激励制度，根据供应商的环保表现对供应商进行奖赏，以此正向激励供应商为满足绿色新产品对零部件或原材料的需要而积极投入相关资源。据此，提出如下假设：

H8-1b：间接绿色供应商开发正向影响供应商资源的优先获取。

基于目标管理理论，制造企业需要先开展间接绿色供应商开发，使供应商明确制造企业的需求、标准和自身不足，再通过直接绿色供应商开发向供应商转移绿色知识和技术，以此提升供应商绿色能力的管理行为才更有针对性和效率[138]。相反，同时使用直接和间接绿色供应商开发，将使得制造企业通过直接绿色供应商开发转移知识和技术的行为面临更多不确定性，不利于企业之间的绿色产品创新协同达到预期效果。供应商对协同创新预期的降低不利于动员供应商面向制造企业需求配置资源[90]。此外，如果制造企业正在进行直接绿色供应商开发的同时，还继续凭借包括大量强制措施的间接绿色供应商开发控制供应商行为，还会导致供应商产生自主经营权被剥夺的认知，降低供应商对制造企业的信任。信任的降低会削减供应商为适应制造企业产品创新需求而配置资源的积极性。据此，提出如下假设：

H8-1c：直接和间接绿色供应商开发的协同效应负向影响供应商资源的优先获取。

供应商参与绿色产品创新中，如果供应商优先面向制造企业需求配置实物资源，供应商的创新最终都将嵌入在供应商为制造企业提供的原材料和零部件之中，此时便直接完成了供应商创新能力向制造企业新产品的转移。供应商的资源作为制造企业产品创新的重要补充，优先获取供应商的资源意味着，供应商将更先进的技术和知识用于制造企业的产品创新，增加了供应商对绿色创新的贡献[132]。此外，供应商积极投入资源参与制造企业绿色产品创新的合作，为双方的员工创造了更多的学习机会，使制造企业能更好地吸收和运用供应商的绿色技术和知识，克服绿色产品创新过程中的困难，降低绿色产品创新风险。据此，提出如下假设：

H8-2：供应商参与绿色产品创新中，制造企业优先获取供应商资源正向影响绿色产品协同创新效能。

8.1.2 供应商组织适配的影响

供应商与制造企业之间技术和业务的兼容，有助于组织间就高技术和缄默知识进行沟通和解释[181]。同时，组织兼容有助于提高合作伙伴相互学习的效率，整合合作伙伴现有的知识和技能，从而为协同创新团队带来新的想法和见解[143]。

因此,组织兼容使供应商能够快速消化吸收制造企业向其转移的知识和技术,并将其重组成自己的新技术,从而提高制造企业通过直接绿色供应商开发向供应商分享、转让技术知识的效率,以及供应商利用制造企业技术知识的效果。基于期望理论,对合作效果的正面预期,将刺激供应商更积极地参与合作项目,并为此投入资源[90]。此外,供应商与制造企业目标兼容作为组织兼容的重要表现形式,决定了供应商对协同创新任务的愿景能否与制造企业保持一致[143]。如果能够保持一致,在供应商参与产品创新中,对其中一方有益的也符合另一方的利益,在共同利益的驱使下,供应商更愿意为协同创新工作投入更多资源。据此,提出如下假设:

H8-3a:组织兼容正向调节直接绿色供应商开发与供应商资源优先获取之间的关系。

组织兼容还具体表现在供应商与制造企业之间在信息系统、软件、硬件和网络系统等技术设施上的兼容,上述设施的兼容有助于在间接绿色供应商开发过程中双方建立开放共享的沟通渠道,降低供应商对制造企业单方面逃避责任和采取机会主义行为风险的感知[181],能够使间接绿色供应商开发对供应商配置资源的激励作用更显著。此外,组织兼容带来组织间管理风格和文化上的一致性,能够促进制造商-供应商之间关系质量的提升[182],以此抑制绿色产品创新协同过程中由于间接绿色供应商开发行为(例如奖惩和考核)所带来的组织间冲突及其损耗,同时知识的兼容也可以使制造企业花费更少的成本和时间来整合双方的资源,增进了供应商对合作关系的满意。据此,提出如下假设:

H8-3b:组织兼容正向调节间接绿色供应商开发与供应商资源优先获取之间的关系。

资源互补作为供应商与制造企业组织互补的主要表现形式,反映了供应商拥有资源对企业间协同的价值[142]。供应商参与产品创新中,与拥有同质化资源的供应商相比,共享互补资源使产品创新协同工作更容易取得成功。这是因为,组织互补为绿色产品创新协同项目提供了更丰富的资产池,有利于企业间技术和知识等不可交易资源的共享,以便实现任何一方都无法独立实现的创新目标[142]。也就是说,当协同创新主体之间资源互补性越强,组织学习、利用和创造知识的整体效益就越大,更多的利益获取有助于激励供应商为配合制造企业绿色产品创新而优先配置资源。此外,组织互补减少了组织之间的竞争,增强了供应商对制造企业善意和能力的信念,激发了供应商维护与制造企业关系的动机[182],因而更愿意接受制造企业主导的直接绿色供应商开发行为,并为适应制造企业绿色产品创新需求积极地配置资源。据此,提出如下假设:

H8-4a:组织互补正向调节直接绿色供应商开发与供应商资源优先获取之间的关系。

供应链伙伴之间的互补性越强,就越有可能产生特殊且能够为彼此带来竞争优势的关系资产[182]，从而增加供应商帮助制造企业增强其市场竞争力的预期，为此供应商将更多地投入专门的工艺流程和技术设施，配合制造企业达到间接绿色供应商开发对供应商资源配置的要求。此外，间接绿色供商开发包括制造企业激励供应商采取有关绿色资源配置行为的决策，以及确保供应商遵守制造企业产品创新的指示和要求。如果制造企业和供应商的技术和知识互补，供应商不会为了获取互补的技术知识付出高昂的成本，承担更大的风险。也就是说，组织互补节约了间接绿色供应商开发的成本，降低了开发的风险和难度，从而使供应商面向制造企业绿色产品创新项目配置资源的意愿能够得到更显著的提升。据此，提出如下假设：

H8－4b：组织互补正向调节间接绿色供应商开发与供应商资源优先获取之间的关系。

基于以上假设论证，认为供应商参与绿色产品创新中，直接和间接绿色供应商开发能够通过优先获取供应商资源，进而提升绿色产品协同创新效能。同时，在适当的组织匹配条件下，制造企业通过直接和间接绿色供应商开发优先获得供应商资源的效果将被放大。据此，提出从供应商开发视角，供应商参与产品创新中，制造企业通过绿色供应商开发提升供应商参与绿色产品创新效能的理论模型，如图8－1所示。

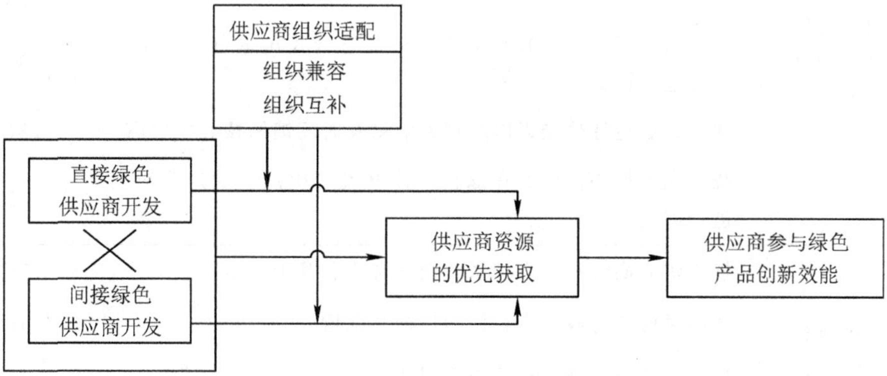

图8－1 供应商开发视角下效能提升路径理论模型

8.2 供应商开发视角下的实证研究设计

8.2.1 测量量表的编制

为确保本研究测量量表的信度与效度，本研究主要采用国内外已有研究所使用过的成熟量表。变量的测量指标依据了研究中理论回顾和已有研究对于变量的界定，本着不改变变量原有意思的原则，在征求了本领域专家和企业高管的意见后，对本研究涉及变量的测量题项进行了语言上的修改。文中所提"核心供应商"是指近三年制造企业采购花费排行榜中前 30%的供应商。各变量测量方法具体如下(见表 8－1)。

表 8－1　变量的信效度检验

变量	测量题项	因子载荷
直接绿色供应商开发(DSD)	我司对核心供应商的员工进行绿色技能培训	0.825
	我司向核心供应商提供绿色技术设备或工具	0.719
	我司派专家指导核心供应商绿色产品的开发与制造	0.758
	我司与核心供应商分享有关绿色产品的缄默知识(例如:通过人员互访的方法)	0.798
	我司为核心供应商提供各种有绿色产品的咨询(例如:产品设计、控制与检测方法等)	0.706
间接绿色供应商开发(ISD)	我司要求核心供应商获得第三方给予的绿色认证	0.885
	我司派遣人员审查核心供应商在采购、生产和物流环节的绿色化程度	0.932
	我司通过正式化机制对核心供应商符合我司绿色化要求的情况进行评价	0.881
	我司将绿色评价结果以及相关信息及时反馈给核心供应商	0.874
	我司根据核心供应商在绿色产品开发与生产上的进步对其进行奖励	0.752
组织兼容(OCT)	核心供应商与我司有相似的企业文化和管理风格	0.762
	核心供应商与我司有相似的目标和宗旨	0.708
	核心供应商的技术设施与我司兼容	0.657
	核心供应商与我司有大量共同理解的知识资源	0.758
组织互补(OCL)	核心供应商具备的资源对我司长期发展来说非常有价值	0.781
	核心供应商具备的资源对我司达成短期商业目标非常重要	0.817
	核心供应商能力与我司结合能实现我司无法独立完成的任务	0.796
	核心供应商具备与我司合作的有重要价值的互补能力	0.827

续表

变量	测量题项	因子载荷
供应商资源的优先获取(SRPA)	相对其他客户,该供应商投入更多实物资源用于满足我司需求	0.832
	相对其他客户,该供应商派遣更优秀的员工与我司开展协作	0.869
	相对其他客户,该供应商更愿意全力支持该我司取得成功	0.838
	相对其他客户,该供应商更愿意为我司做出牺牲	0.897
	相对其他客户,该供应商与我司更广泛地共享设备、技术和经验	0.856
供应商参与绿色产品创新效能(SIE)	该供应商参与我司绿色产品创新时,与我司开放共享关键技术及最新知识	0.874
	该供应商参与我司绿色产品创新时,总是能履行其有关产品创新的职责和承诺	0.815
	该供应商参与我司绿色产品创新时,对新产品的最终功能实现发挥了关键作用	0.969
	该供应商参与我司绿色产品创新时,针对新产品特定需求做出了重要的适应和调整	0.852
	该供应商参与我司绿色产品创新时,高效达成了绿色产品创新的目标	0.971

(1)绿色供应商开发的测量。参考 Blome 等[139] 和 Wagner[138] 的研究,直接绿色供应商(DSD)的测量题项包括“我司对核心供应商的员工进行绿色技能培训”“我司向核心供应商提供绿色技术设备或工具”“我司派专家指导核心供应商绿色产品的开发与制造”等 5 条。参考 Wagner[138] 和 Agan 等[141] 等的研究,间接绿色供应商(ISD)的测量包括“我司要求核心供应商获得第三方给予的绿色认证”“我司派遣人员审查核心供应商在采购、生产和物流环节的绿色化程度”等 5 条。

(2)供应商组织适配的测量。参考 Moshtari[142] 和 Shou 等[182] 的研究,组织兼容(OCT)包括“核心供应商与我司有相似的企业文化和管理风格”“核心供应商与我司有相似的目标和宗旨”等 4 条。组织互补(OCL)包括“核心供应商具备的资源对我司长期发展来说非常有价值”“核心供应商具备的资源对我司达成短期商业目标非常重要”等。

(3)供应商资源优先获取的测量。参考 Pulles 等[36] 和 Vos 等[183] 的研究,供应商资源的优先获取(SRPA)的测量题项包括如“相对其他客户,该供应商投入更多实物资源用于满足我司需求”“相对其他客户,该供应商派遣更优秀的员工与我司开展协作”等5条。

(4)供应商参与绿色产品创新效能(SIE)反映了供应商参与绿色产品协同创新目标的实现程度,即供应商参与绿色产品创新的有效性。依据第2章供应商参与效能开发的测量工具,最终形成包括5个题项的测量量表。

(5)供应商资源的优先获取除了受到供应商开发的影响,还可能受到制造企业自身特征的影响。所以本研究取企业年龄和企业规模作为控制变量。用企业运营时间测量的企业年龄,用企业各部门的员工总数来测量企业规模,控制变量采用5级量表。

8.2.2 数据收集与样本

由于本研究需要考察制造企业激发核心供应商配置资源的情况。为避免其他因素的干扰,在样本选取中重点考虑市场化程度比较高的企业作为样本。本研究的问卷各题项除控制变量外均采用符合“内部一致性”的李克特七级量表,其中1表示“完全不同意”,7表示“完全同意”。调查小组先后对相关行业的制造企业发放问卷450份。总计回收问卷230份,回收率为51.11% ,回收情况符合标准,剔除无效的问卷和重复问卷,样本最终保留195份问卷。描述性统计结果显示,各行业的制造企业所占比例较为平均,样本企业的规模和成立时间分布均匀,调查对象均为了解供应管理工作和新产品开发的企业中高层管理人员,其中包括制造企业的高管、供应链经理、产品经理和市场营销主管,符合研究要求。

8.3 供应商开发视角下效能提升路径的实证分析

8.3.1 信度与效度检验

本研究主要采用国内外已有研究使用过的成熟量表,在设计量表的过程中,综合了供应链领域和产品创新管理领域的专家和企业高管的意见后,在不改变量表题项原有意思的基础上进行了语言上的修改,所以保证了本研究使用的量表具有可靠的内容效度。各变量的因子载荷均大于0.6,各潜变量的平均方差抽取变异(AVE)均大于0.5,组合信度(CR)均大于0.7,表明量表具有良好的聚合效度。一般认为,各变量的Cronbach's α 系数在0.7以上说明可靠,根据结果可知,所有量表的Cronbach's α 系数均不小于0.7,说明本研究回收的问卷具有良好的信度,可以满足研究的需要。通过验证性因子分析,本研究涉及的各个变量拟合指标都在要求范围内,表明了本研究回收的问卷具有良好的建构效度。为验证区别效度,取各变量的平均方差抽取变异(AVE)的算数平方根与其他变量相关系数的绝对值进行比较。结果显示,AVE的算数平方根均大于对应相关系数的绝对值,表明本研究回收的问卷具有良好的区别效度。

8.3.2 假设检验

1. 描述统计与相关性分析

变量的 Pearson 相关分析见表 8-2。由表 8-2 可知，直接和间接绿色供应商开发与供应商资源的优先获取，供应商资源的优先获取与供应商参与绿色产品创新效能之间存在的相关关系，初步验证了本研究所提假设 H8-1a、H8-1b 和 H8-2。同时，各变量的相关系数均小于 0.6，表明本研究多重共线性问题在可接受的范围内。为进一步验证相关假设，构建结构方程模型并通过多层回归分析验证假设 H8-1c、H8-3a、H8-3b、H8-4a 和 H8-4b。

表 8-2 供应商开发视角下效能提升路径研究相关变量的 Pearson 相关分析

变量	企业年龄	企业规模	DSD	ISD	OCT	OCL	SRPA	SIE
企业年龄	1							
企业规模	0.091	1						
DSD	0.075	0.099	1					
ISD	−0.039	−0.064	0.191**	1				
OCT	−0.033	−0.089	0.141*	0.210**	1			
OCL	−0.104	−0.004	0.133*	0.314**	0.484**	1		
SRPA	0.003	0.046	0.284**	0.363**	0.441**	0.598**	1	
SIE	0.158*	0.124*	0.283**	0.097	0.129*	0.189**	0.321**	1

注：* 表示 $P<0.05$，** 表示 $P<0.01$。

2. 主效应检验

首先，采用 AMOS21 软件构建结构方程模型，选取直接绿色供应商开发、间接绿色供应商开发、供应商资源的优先获取和供应商参与绿色产品创新效能的样本数据进入模型，进而对整体模型进行拟合分析，并验证主效应。结构方程模型的标准化回归计算结果如表 8-3 所示，模型整体的拟合情况如表 8-4 所示。

表 8-3 结构方程模型分析结果

潜变量之间的关系	标准化路径系数	T 值	对应假设	检验结果
DSD→SRPA	0.269	3.471***	H8-1a	通过
ISD→SRPA	0.257	4.679***	H8-1b	通过
SRPA→SIE	0.425	4.306***	H8-2	通过

注：***、** 和 * 分别代表 $p<0.001$、$p<0.01$ 和 $p<0.05$ 水平上显著。

表 8-4 结构方程模型拟合情况

拟合指标	理想数值区间	拟合结果	拟合情况
卡方自由度比值(χ^2/df)	1～3	1.084	满足
拟合优度指数(GFI)	>0.9	0.924	满足
调整拟合优度指数(AGFI)	>0.9	0.903	满足
比较拟合指数(CFI)	>0.9	0.996	满足
基准拟合度指数(NFI)	>0.9	0.947	满足
非标准拟合指数(TLI)	>0.9	0.995	满足
近似误差均方根(RMSEA)	<0.05	0.021	良好

由表 8-3 和表 8-4 中的数据可知，结构方程模型的主要拟合指标均达到可接受的范围，模型整体拟合良好，直接和间接绿色供应商开发与供应商资源的优先获取，以及供应商资源的优先获取与供应商参与绿色产品创新效能之间关系得到验证，即研究所提假设 H8-1a、H8-1b、H8-2 成立。

3. 调节效应检验

为了进一步明确研究中各个变量之间的关系，在加入企业年龄和企业规模两个控制变量的基础上，将供应商资源的优先获取作为因变量，分别加入自变量和调节变量及其交互项进行回归分析。回归分析的结果如表 8-5 所示。本研究对所有变量均采取了均值中心化处理，避免了多重共线性对研究结果的干扰。

计算分为四步进行：首先在模型 1 中加入两个控制变量。其次，在模型 2 加入直接绿色供应商开发和间接绿色供应商开发。再次，模型 3 是在模型 2 的基础上加入直接绿色供应商开发和间接绿色供应商开发的交互项。最后，为了验证组织匹配的调节效应，建立了模型 4、模型 5、模型 6 和模型 7，这些模型分别加入了直接绿色供应商开发、间接绿色供应商开发分别和组织兼容、组织互补的交互项。

在模型 1 中，F 值为 0.213，表明本研究的两个控制变量对于因变量的解释效力不显著。在模型 2 中，直接绿色供应商开发的标准化回归系数 $\beta=0.216$($P<0.01$)，间接绿色供应商开发的标准化回归系数 $\beta=0.324$($P<0.001$)，F 值为 10.475，假设 H8-1a 和假设 H8-1b 再次得到验证。在模型 3 中直接绿色供应商开发和间接绿色供应商开发的交互项的标准化回归系数 $\beta=-0.158$($P<0.05$)，F 值为 9.732，调整后 R^2 为 0.185，假设 H8-1c 得到验证。

在模型 4 中，加入直接绿色供应商开发与组织兼容的交互项，标准化回归系数 $\beta=0.262$($P<0.001$)，F 值为 7.949，调整后 R^2 为 0.126，假设 H8-3a 得证。在模型 5 中，加入间接绿色供应商开发和组织兼容的交互项，标准化回归系数 $\beta=0.178$($P<0.01$)，F 值为 9.498，调整后 R^2 为 0.149，假设 H8-3b 得到验证。在模型 6 中加入直接绿色供应商开发与组织互补的交互项，标准化回归系数 $\beta=0.282$

表 8-5 多层回归分析

变量类别	变量名称	供应商资源的优先获取(因变量)						
		模型 1	模型 2	模型 3	模型 4	模型 5	模型 6	模型 7
控制变量	企业年龄	−0.002	−0.007	−0.025	−0.005	0.032	0.026	0.015
	企业规模	0.047	0.046	0.049	0.027	0.036	0.045	0.065
自变量	DSD		0.216**	0.211**	0.361***		0.408***	
	ISD		0.324***	0.321***		0.377***		0.373***
调节变量	DSD×OCT				0.262***			
	ISD×OCT					0.178**		
	DSD×OCL						0.282***	
	ISD×OCL							0.041
	DSD×ISD			−0.158*				
	R^2	0.002	0.182	0.207	0.144	0.167	0.142	0.139
	Adj R^2	−0.008	0.164	0.185	0.126	0.149	0.123	0.122
	F 值	0.213	10.475	9.732	7.949	9.498	7.732	7.591

注:表中所列为标准化回归系数,* 表示 $P<0.05$,** 表示 $P<0.01$,*** 表示 $P<0.001$。

($P<0.001$),F 值为 7.732,调整后 R^2 为 0.123,假设 H8-4a 得证。在模型 7 中,加入间接绿色供应商开发和组织互补的交互项,标准化回归系数 $\beta=0.041$,F 值为 7.591,调整后 R^2 为 0.122,假设 H8-4b 未能通过验证。

进一步探析组织兼容对直接绿色供应商开发和间接绿色供应商开发的调节作用的强弱。

首先,构建总体模型,用"×"表示乘积关系,模型包括路径:①直接绿色供应商开发——供应商资源的优先获取;②间接绿色供应商开发——供应商资源的优先获取;③组织兼容——供应商资源的优先获取;④组织互补——供应商资源的优先获取;⑤直接绿色供应商开发×间接绿色供应商开发——供应商资源的优先获取;⑥直接绿色供应商开发×组织兼容——供应商资源的优先获取;⑦间接绿色供应商开发×组织兼容——供应商资源的优先获取;⑧直接绿色供应商开发×组织互补——供应商资源的优先获取;⑨间接绿色供应商开发×组织互补——供应商资源的优先获取,共 9 条路径并计算该模型的卡方值。

其次,仿照总体模型构建第二个模型,但唯独没有路径⑥,并计算卡方值,这样就获得总体模型与第二个模型的卡方差值为 788.132。最后,仿照总体模型构建第三个模型,唯独没有路径⑦,同样得到总体模型与第三个模型的卡方差值为 769.923。比较 DSD×OCT 和 ISD×OCT,$\Delta\chi^2$ 为 18.209,$P<0.01$。由此可见,相对间接绿色供应商开发而言,供应商组织兼容对直接绿色供应商开发与供应商资源的优先获取之间的正向调节作用更强。

4. Bootstrap 检验

主效应检验证明了假设 H8-1a、H8-1b 和 H8-2。为确保研究结论的可靠性并探析变量之间的间接效应,采用"拔靴法",即利用 Process(SPSS 软件的插件)的模板 4 进行基于 Bootstrap 的间接效应检验。如表 8-6 所示,直接绿色供应商开发的间接效应点估计值为 0.095,95%的置信区间 CI 为[0.019,0.197];间接绿色供应商开发的间接效应点估计值为 0.118,95%的置信区间 CI 为[0.048,0.204],两者均不包含 0。以上结果不仅再次验证了 H8-1a、H8-1b 和 H8-2,同时还确证了直接和间接绿色供应商开发均能通过供应商资源的优先获取对供应商参与绿色产品创新效能产生正向作用。

表 8-6 基于 Bootstrap 的间接效应检验

间接效应	点估计	标准误	BootLLCI	BootULCI
DSD→SRPA→SIE	0.095	0.046	0.019	0.197
ISD→SRPA→SIE	0.118	0.039	0.048	0.204

调节效应检验证明了假设 H8-3a、H8-3b 和 H8-4a 成立,为检验调节效应的可靠性并探析组织匹配是否能够通过供应商资源的优先获取调节自变量(直接

和间接绿色供应商开发）与因变量（供应商参与绿色产品创新效能）之间的关系。采用 Process 的模板 7 进行基于 Bootstrap 的被中介调节作用检验。按照均值加减一个标准差，区别低、中、高三种组织兼容和组织互补，检验不同条件下的中介效应。

如表 8－7 所示，对于直接绿色供应商开发而言，在组织兼容处于中等水平和高水平时，95％的置信区间分别为[0.017，0.196]和[0.028，0.294]，均不包含 0，表明中介作用显著；而当组织兼容处于低水平时，95％的置信区间为[－0.007，0.132]，包含 0，中介作用不显著。对于间接绿色供应商开发而言，在组织兼容处于中高水平时，95％的置信区间分别为[0.035，0.179]和[0.046，0.274]，均不包含 0；而当组织兼容的水平较低时，95％的置信区间为[－0.016，0.118]，包含 0。以上结果再次验证了假设 H8－3a 和 H8－3b 的同时，还确证了组织兼容能够通过供应商资源的优先获取正向调节自变量与因变量之间的关系。

表 8－7　基于 Bootstrap 的被中介调节作用检验（1）

组织兼容	DSD→SRPA→SIE				ISD→SRPA→SIE			
	点估计	标准误	95％置信区间		点估计	标准误	95％置信区间	
			下限	上限			下限	上限
低（－1SD）	0.044	0.037	－0.007	0.132	0.046	0.034	－0.016	0.118
中（0）	0.093	0.045	0.017	0.196	0.096	0.0362	0.035	0.179
高（＋1SD）	0.142	0.068	0.028	0.294	0.145	0.058	0.046	0.274

由表 8－8 可知，在组织互补处于更高水平时，直接绿色供应商开发通过供应商资源的优先获取对供应商参与绿色产品创新效能的正向作用更强。低水平、中等水平和高水平组织互补条件下，95％的置信区间分别为[0.009，0.144]，[0.014，0.168]和[0.002，0.228]，均不包含 0，置信区间逐渐增加。以上结果再次验证了假设 H8－4a，同时还验证了组织互补能够通过供应商资源的优先获取正向调节直接绿色供应商开发与供应商参与绿色产品创新效能之间的关系。

表 8－8　基于 Bootstrap 的被中介调节作用检验（2）

组织互补	DSD→SRPA→SIE			
	点估计	标准误	95％置信区间	
			下限	上限
低（－1SD）	0.062	0.035	0.009	0.144
中（0）	0.078	0.041	0.014	0.168
高（＋1SD）	0.093	0.059	0.002	0.228

8.4 本章结论

(1)假设 H8－1a(标准化路径系数 $\beta=0.269$,T 值为 3.471,且在 0.001 的水平上显著)、假设 H8－1b(标准化路径系数 $\beta=0.257$,T 值为 4.679,且在 0.001 的水平上显著)、假设 H8－1c($\beta=-0.158$,$F=9.732$,调整后 $R^2=0.185$)、假设 H8－2(标准化路径系数 $\beta=0.425$,T 值为 4.306,且在 0.001 的水平上显著)通过检验,同时相关变量还通过了基于 Bootstrap 的间接效应检验,表明供应商参与绿色产品创新中,制造企业采取直接或间接绿色供应商开发均能通过优先获取供应商资源,对绿色产品协同创新效能产生显著正向影响,但不能同时对供应商开展直接绿色供应商开发和间接绿色供应商开发,否则将抵消供应商开发所能产生的积极作用。已有研究对供应商开发进行了探讨,并指出制造企业通过供应商开发能有效提升供应商绩效[104]。本研究在此基础上发现了供应商参与产品创新中,制造企业通过绿色供应商开发优先获取供应商资源,进而提升绿色产品协同创新效能的路径。该路径的发现为供应商参与绿色产品创新的研究提供了新思路。

(2)假设 H8－3a($\beta=0.262$,$F=7.949$,调整后 $R^2=0.126$)、假设 H8－3b($\beta=0.178$,$F=9.496$,调整后 $R^2=0.149$)通过检验,表明供应商参与绿色产品创新中,供应商组织兼容程度越高,供应商开发对优先获取供应商资源的正向作用越大。相对直接绿色供应商开发而言,供应商组织兼容对增加间接绿色供应商开发正向作用的影响较弱($\Delta\chi^2=18.209$,$P<0.01$)。同时,假设 H8－4a($\beta=0.282$,$F=7.732$,调整后 $R^2=0.123$)通过检验,但假设 H8－4b 未能通过($\beta=0.041$,$F=7.591$,调整后 $R^2=0.122$),表明供应商参与绿色产品创新中,供应商组织互补程度越高,直接绿色供应商开发对供应商资源的优先获取的正向作用越大,但并不能增加间接绿色供应商开发对优先获取供应商资源的正向作用。这是因为,随着供应商组织互补程度的增加,制造企业与供应商之间的知识和技术距离也逐渐增人,此时制造企业通过间接绿色供应商开发,对供应商进行评价考核也变得更加困难,故而在一定程度上会抵消组织互补所产生的积极作用。已有研究发现,制造商-供应商产品创新协同中组织兼容作为组织匹配重要维度之一,能够直接正向影响产品创新绩效[108]。本研究在此基础上进一步发现,供应商组织兼容和互补对于双方产品创新协同存在调节作用,而且根据协同创新中制造企业对供应商所采取的具体管理形式,组织兼容和组织互补的调节作用还存在明显差异。该发现丰富和拓展了企业间协同创新理论。

第 9 章

供应商参与时机与参与模式的权变作用研究

前述研究揭示了制造企业通过相关管理机制优先获取供应商资源，提升供应商参与绿色产品创新效能的路径。供应商参与时机和参与模式的多元化也将影响绿色产品协同创新效能。本章将通过理论探索和实证检验，探究供应商参与时机和参与模式的权变作用，并进一步提出适配不同供应商参与时机与参与模式的供应商治理机制。

9.1 供应商参与时机的权变作用

9.1.1 供应商参与时机的研究背景与理论基础

1. 研究背景

绿色产品创新作为从源头治理环境问题的理想方案[70]，不仅是评价制造业企业绿色转型效果的关键指标，也是企业实现绿色发展转型的必由之路。奉行环境可持续导向有助于企业在内部整合绿色产品创新所需的资源和能力[184]。然而，由于制造企业的绿色技术知识、创新人才和研发设备等绿色创新资源较为匮乏，成功实现绿色产品创新的难度较高[185]。实践中，许多制造企业通过供应商参与绿色产品创新提升了关键原料、零部件和工艺的绿色化程度，助力绿色新产品快速实现了产业化[69]。根据供应商参与的时机和职责差异，分为早期参与和深入参与两种参与方式[1,186]。制造企业需要通过对上述两种供应商参与方式的正确运用，提升绿色产品协同创新效能。

目前，理论研究侧重于将供应商参与作为一种企业间协同创新机制，探究供应商参与绿色产品创新与创新绩效之间的关系[22]。不同供应商参与方式对环境可持续导向与绿色产品协同创新效能之间关系的作用及其差异尚不明晰。另外，由于绿色产品创新具有政策导向性强和双重外部性的特点，协同创新收益的不确定性很高，极易出现供应商机会主义行为的问题(如逃避责任、不切实履行承诺、不全力配合以及钻空子等)，不利于供应商参与目标的实现[166,187]。基于供应链治理理论，企业与供应商订立恰当的契约能够抑制协同任务中供应商的机会主义行为[188]。契约设计是否恰当与契约结构特征关系密切，订立具有恰当结构特征的契约不仅能够减少立约时间和成本，还有助于协同目标的达成[106]。然而，供应商参与方式与契约结构特征之间的适配关系仍未可知，制造企业利用契约治理抑制绿色产品协同创新中供应商的机会主义行为，在理论上仍存在较大不确定性。

据此，本研究以亟待实现绿色发展的中国制造业企业为研究对象，基于自然资源基础观和交易成本理论，在探明环境可持续导向与供应商参与绿色产品创新效能之间关系的基础上，揭示供应商参与方式与协同任务契约结构特征对上述关系的联合调节作用，进而提出面向不同供应商参与时机的绿色产品协同创新效能提升策略，不仅拓展了绿色技术创新理论，还能为中国制造企业的绿色发展实践提供参考。

2. 理论基础

(1)环境可持续导向与供应商参与绿色产品创新效能。奉行环境可持续导向的企业会主动将环境保护行为系统融入其战略、战术以及日常运营之中，并在资源配置上给予环保实践活动以优先权[189-190]，故而环境可持续导向是制造企业提高新产品绿色化水平的基础。然而，绿色产品创新很大程度上源于绿色新技术或不同领域技术的交叉融合(如电动汽车技术)，仅靠环境可持续导向对企业内部资源和能力进行整合与挖掘，短期内使新产品绿色化水平得到实质性提升的难度很高[184]。Liu 等[191]发现，不少企业因为奉行环境可持续导向导致财务压力激增，反而不利于企业对绿色创新的持续性投入。基于自然资源基础观(NRBV)，为了顺利实现绿色产品创新，在内部资源整合的基础上，还需要整合来自组织外部的绿色创新资源[192]。相较于其他合作者，供应商拥有与供应链下游企业多年的合作经验，熟悉产业链下游的技术、工艺和运营管理模式。因此，供应商的参与不仅可以降低绿色产品创新的风险，还能够提高创新的成功率[69]。目前，针对制造企业在环境可持续导向下，整合外部绿色技术资源提升供应商参与绿色产品创新效能的研究仍非常有限。

(2)供应商参与绿色产品创新。通过供应商参与绿色产品创新，整合供应商的绿色新技术，吸纳供应商的绿色创新资源，有助于弥补制造企业进入绿色产品领域相关经验和技术的不足[70]。已有研究大都侧重于将供应商参与作为一种企业间协同创新机制，探究供应商参与绿色产品创新与创新绩效之间的关系[22]。事实上，以供应商参与为代表的外部整合与企业内部整合同属于供应链整合的范畴，在理论和现实中难以彼此孤立存在[186]。相关研究主要对内外部整合之间的相关关系进行了探讨[24]，但对两者之间交互作用的研究还非常有限，供应商参与在环境可持续导向与绿色产品协同创新效能之间发挥何种作用，仍有待进一步研究。此外，根据供应商参与时机及职责的差异，存在供应商早期参与和深入参与两种方式[25]。早期参与强调绿色新产品概念开发阶段的供应商参与，侧重于整合供应商的知识和创意；供应商深入参与强调新产品结构化阶段的供应商参与，侧重于实现绿色新产品从概念到成果的转化[26-27]。相关研究调查发现，汽车制造业需要与供应商合作完成动力系统的设计，供应商早期参与的情况比较常见；而包装行业则更多与供应商合作解决生物降解材料机械性能方面的问题，供应商深入参与的情况比较常见[28,186]。两种参与方式的内在区别很可能导致两者对环境可持续导向与供应商参与绿色产品创新效能之间关系的作用也存在差异，具体存在何种差异目前仍未可知。

(3)面向制造商-供应商协同创新中的契约结构特征。由于供应商参与绿色产品创新收益的不确定程度更高，需要通过对供应商关系的正式化控制抑制其在协同创新过程中的机会主义行为，以此增加供应商参与的有效性[187]。基于交易成本理论，恰当的契约治理可以提升供应商在价值共创活动中的工作水平，进而提高供应商参与协同创新的效果[195]。面向制造商-供应商协同任务的契约主要由责任界定、绩效评价和激励措施三部分构成，根据协同任务的特点需要对各部分条款的详尽程度做出调整，在此基础上，形成了刻画契约结构的三方面特征[106]。其中，责任界定详尽的契约有助于抑制机会主义行为，减少协同任务的冲突[196]；绩效评价详尽的契约有助于降低交易模糊性[116]；激励措施详尽的契约有助于协调双方利益，增加契约的灵活性[197]。由于供应商早期参与强调知识共享和创意生成，而深入参与更强调适应和创新的实现，对供应商行为控制的侧重点不尽相同[25]。面向上述两种参与方式订立具有差异化结构特征的契约更有利于发挥供应商参与的作用。目前，环境可持续导向下，供应商参与方式与契约结构特征之间的适配关系还不明晰，制造企业通过契约治理提升供应商参与效果在理论上仍存在较大不确定性。

9.1.2 基于供应商参与时机的权变作用模型构建与假设

基于 NRBV 理论，独特的环保资源和能力是企业赢得持续竞争优势的基础。环境可持续导向要求企业主动将环境保护融入其战略、战术以及运营发展之中，一方面将塑造员工的环保意识，激励员工将环境、社会和经济需求融入新产品开发之中[189]；另一方面，环境可持续导向能够推动企业采取系统的环保思维方式，加强员工之间以及不同职能部门之间的协调，从而在企业内部形成绿色产品创新的能力基础，有助于绿色供应商开发，进而提高供应商的环保和绿色技术能力[192]。此外，由于绿色产品创新的技术复杂性，通过环境可持续导向给予资源配置优先权，绿色新产品开发活动能够从企业内部获得更多技术、人力和资金等相关资源支持，有助于供应商获得制造企业的技术支持、援助和指导，促使其达到企业绿色新产品对零部件或原材料的要求[184]。由此可见，对于制造企业而言，奉行环境可持续导向有助于其尽快将自身的资源能力与绿色产品创新的需求相匹配，完成技术范式的革新，从而成功进行绿色供应商开发，提升供应商参与绿色产品创新效能。据此，提出以下假设：

H9－1：环境可持续导向正向影响供应商参与绿色产品创新效能。

制造企业在环境可持续导向下，通过供应商早期参与使供应商的异质性绿色技术知识与自身相关资源能够在绿色产品设计阶段实现深度融合，有助于创造更多新颖的绿色知识组合。同时，加强与供应商在绿色产品创新模糊前端的互动，使企业能够借助供应商的绿色技术知识筛选或完善绿色产品创意，尽早发现概念或技术路线选择中的潜在问题[26]。故而，供应商早期参与绿色产品创新的程度越高，越有利于奉行环境可持续导向的制造企业整合更多绿色创新资源，从而提高供应商的参与效能。此外，由于绿色新产品开发结构化阶段任务的复杂性和集成度较高，制造企业内部相关工艺、技术和经验通常存在一定局限，通过供应商深入参与能够更好解决新产品原型开发阶段的技术难题[27]，在降低了企业自身资源消耗的同时，还能够保障新产品大规模生产后的绿色性能。因此，提升供应商深入参与绿色产品创新的程度，有利于奉行环境可持续导向的制造企业充分整合供应商的绿色生产资源，突破绿色产品创新结构化阶段的技术难题和商业化瓶颈，从而获得绿色产品协同创新效能的提升。

相对供应商早期参与更侧重于知识创造和创意生成，供应商深入参与更强调创意的实现，需要投入大量的关系专用性资产（如专门的培训和专用的设备），以实现高水平的适应和协调[25]。随着供应商深入参与程度的增加，关系专用性资产的投入也随之加大。当前绿色技术正处于变革期，各种新兴技术和跨界技术层出不穷，企业只有不断探索和尝试新技术方能实现绿色新产品的差异化[184]。基于交易成本理论，当企业需要不断探索并尝试新技术时，过分强调供应商深入参与，将导致企业为了保证已投入关系专用性资产的有用性而排斥新技术和新知识[34]。此时，再加上制造企业的技术范式革新成本压力，极易形成“路径依赖”，后续协同创新活动将逐渐惯例化，这将导致创新路径切换灵活性的缺失，不利于制造企业绿色产品协同创新效能的提升。因此，制造企业在环境可持续导向下，强调供应商深入参与能够加快绿色新产品商业化进程，但如果超过一定界限，也会延迟绿色创新的技术转轨，使绿色新产品面临着市场竞争力不足的风险，影响供应商参与绿色产品创新的有效性。据此，提出以下假设：

H9－2a：供应商早期参与对环境可持续导向与供应商参与绿色产品创新效能

之间的关系具有正向调节作用。

H9 - 2b：供应商深入参与对环境可持续导向与供应商参与绿色产品创新效能之间的关系具有倒U型调节作用。

契约对双方责任界定详尽意味着对双方行为更多的约束和控制。在供应商早期参与过程中，对供应商进行约束和控制容易造成供应商对协同创新的排斥，抑制供应商分享相关市场和技术知识的积极性，从而影响制造企业在环境可持续导向下整合供应商创新资源的有效性。此外，契约中对双方责任界定得越详尽，供应商的自主权和自由度就越低，不利于激发供应商的创造力[195]。环境可持续导向下，企业采取供应商早期参与，目的在于汲取供应商最新的绿色知识和技术，供应商创造力的下降势必会影响供应商早期参与绿色产品创新的效果。据此，结合H9 - 2a，提出以下假设：

H9 - 3a：供应商早期参与的调节作用受到契约对双方责任界定详尽程度的调节，即契约对双方责任界定得越详尽，供应商早期参与对环境可持续导向与供应商参与绿色产品创新效能间关系的正向调节作用越弱。

在供应商深入参与绿色产品创新的情景下，企业与供应商的协同创新活动中通常涉及大量的关系专用性资产投资（例如针对性的技术培训），由于专用性导致的关系锁定效应，加之供应商的有限理性，极易诱发供应商在协同过程中出现各种“敲竹杠”的行为[196]，或是为了确保已投入关系专用性资产的效益而拒绝采纳绿色新技术的问题[166]。在契约中对双方责任进行详尽的界定，使制造企业能够在协同创新中对供应商行为进行约束，缓解了环境可持续导向下，由于企业同时进行内外部资源整合，其自身核心利益和绿色创新诉求易于被供应商裹挟的问题。结合H9 - 2b，提出以下假设：

H9 - 3b：供应商深入参与的调节作用受到契约对双方责任界定详尽程度的调节，即契约对双方责任界定得越详尽，供应商深入参与对环境可持续导向与供应商参与绿色产品创新效能间关系的倒U型调节作用越弱。

由于制造企业内部组织惯例化的情况较为突出，组织内部对环境可持续导向的认识难以做到高度统一[185]。在供应商早期参与的情境下，由于创新前端的模糊性加之制造企业内部认识的不统一，将导致知识共享惯例的认知模糊性被放大。绩效评价越清晰，越有利于降低协同创新任务的模糊性[116]。在契约中对绿色产品协同创新任务制定详细的绩效标准，有助于提高制造企业内部以及供应商对协同创新任务目标认知的清晰度，进而提升供应商早期参与过程中双方价值共创水平。结合H9 - 2a，提出以下假设：

H9 - 4a：供应商早期参与的调节作用受到契约对供应商绩效评价详尽程度的调节，即契约对供应商绩效评价规定得越详尽，供应商早期参与对环境可持续导向与供应商参与绿色产品创新效能间关系的正向调节作用越强。

在环境可持续导向下，企业对绿色新产品的使用技术和工艺标准往往存在许多颠覆性变化，深入参与由制造企业主导绿色产品创新，供应商需要根据绿色新产品的实际需要进行重大调整与改进，这意味着更加多的时间和资金投入。在此种情景下，如果还通过契约为供应商制定详尽的绩效评价指标，供应商承担的交期推迟和质量不佳的风险将进一步放大。此时，供应商为了确保达到详尽的绩效目标并降低创新风险，在绿色产品协同创新中的“路径依赖”倾向会更加严重，不利于绿色产品协同创新达到预期效果。结合 H9 - 2b，提出以下假设：

H9 - 4b：供应商深入参与的调节作用受到契约对供应商绩效评价详尽程度的调节，即契约对供应商绩效评价规定得越详尽，供应商深入参与对环境可持续导向与供应商参与绿色产品创新效能间关系的倒 U 型调节作用越强。

基于交易成本理论，激励措施越详尽，越能够帮助供应商认识到双方之间利益的一致性[197]。尽管协同创新的出发点不是供应商利益，但如果能够在供应商早期参与的情景下为供应商制定详尽的激励条款，供应商为了自身未来利益的最大化，为制造企业绿色产品创新做出贡献的意愿也会随之增强[195]。此外，激励措施详尽的契约通常更强调结果，能够为供应商提供较大的创新自主权，有助于供应商充分利用自身专业知识和创造性思维，为制造企业的绿色产品创新提供更高质量的创意，进而提升环境可持续导向下的供应商参与绿色产品创新效能。结合 H9 - 2a，提出以下假设：

H9 - 5a：供应商早期参与的调节作用受到契约对供应商激励措施详尽程度的调节，即契约对供应商激励措施规定得越详尽，供应商早期参与对环境可持续导向与供应商参与绿色产品创新效能间关系的正向调节作用越强。

供应商深入参与绿色产品创新将承担更多实质性任务，例如为了保证原材料或零部件的适应性，开展产品原型开发或者绿色工艺革新。由于绿色产品创新收益的不确定性，供应商开展上述活动承担的风险较高，对待协同创新的态度也更加谨慎[28]。如果能够以契约的形式针对供应商制定详尽的激励措施，将增加供应商感知其所获报酬与努力的契合度，此时即便对环境可持续导向存在不同认知，为了获得更高的经济回报，供应商做出技术调整或者协助制造企业完成绿色技术范式革新的意愿也将有所提升，从而缓解供应商深入参与绿色产品创新过程中灵活性不高的问题。结合 H9 - 2b，提出以下假设：

H9 - 5b：供应商深入参与的调节作用受到契约对供应商激励措施详尽程度的调节，即契约对供应商激励措施规定得越详尽，供应商深入参与对环境可持续导向与供应商参与绿色产品创新效能间关系的倒 U 型调节作用越弱。

综上，提出研究的概念模型（见图 9 - 1）。

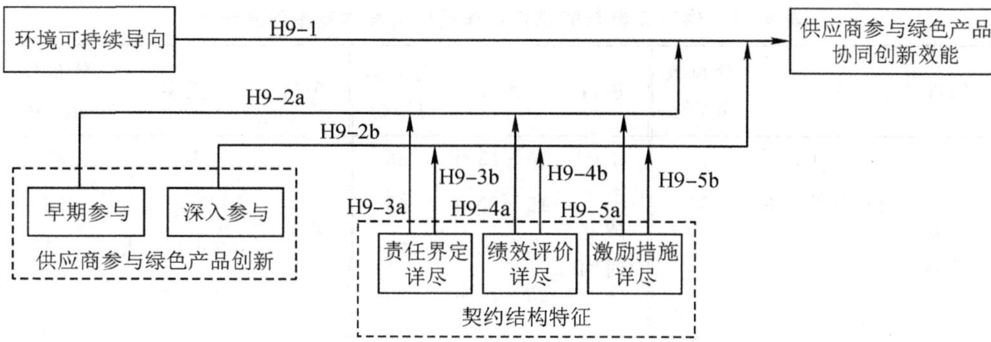

图 9-1 供应商参与时机的权变作用概念模型

9.1.3 供应商参与时机权变作用的研究设计

1. 样本选择与数据收集

样本主要选自面临绿色发展压力较大，存在奉行战略导向和开展绿色产品创新的内在需求的行业涵盖了新兴制造业企业（如电子、交通运输设备等）和传统制造业企业（如纺织、家电等）。本次调研的企业主要集中于北京、上海、西安、郑州等地的产业园区或创业中心。研究主要通过以下三条途径收集数据：①邀请某知名高校管理学院的 MBA、EMBA 学员填写问卷，并邀请其同事共同完成问卷的填写，共发放问卷 50 套；②借助产业园区、高新区和开发区管委会工作人员的帮助，联系了 110 家制造企业实地调研，利用调研机会现场发放问卷并回收；③通过搜索相关行业协会的企业目录以及各省公示的行业示范企业目录，随机筛选了 600 家企业作为调查样本，在专业招聘服务机构的配合下，对可接触的企业以电子邮件、视频会议、电话联系等方式向目标受测人员发放问卷。

为了降低同源性，研究采用配对法进行问卷发放，将问卷分为 A、B 两组，A 组问卷包括环境可持续导向与供应商参与的测量内容，B 组问卷包括契约治理和供应商参与绿色产品创新效能的测量内容。两组问卷以 1∶1 的比例同时发放，其中 A 组问卷主要由 1 位熟悉企业环境可持续导向与绿色产品创新情况企业高管填写，B 组问卷由同一家企业的 1 位从事供应链管理或产品管理的部门负责人回答。2020 年 12 月至 2021 年 6 月，通过各种途径共发放问卷 530 套，共回收有效问卷 252 套，有效率为 47.55%，高于本领域权威研究的有效问卷回收率[26]，缺省检验表明缺省问卷的基本信息与有效问卷不存在显著差异。有效样本主要来自陕西、河南、山东、广东、江苏、浙江等地。为了保证研究效度，根据数据收集方式的差异，各随机抽取 50 套问卷进行比较，t 检验发现数据差异不显著（$P<0.1$）。据此，认为样本能够反映总体真实值。有效问卷的基本信息见表 9-1。

表 9-1 供应商参与时机权变作用研究样本基本信息统计

项目	类型	分布数量/份	项目	类型	分布数量/份	项目	类型	分布数量/份
行业类型	电子	46	成立时间	10～15 年	36	企业规模	＜100 人	39
	交通运输设备	53		15～20 年	45		100～300 人	68
	家电	42		20～25 年	77		300～500 人	81
	纺织	73		25～30 年	35		500～1000 人	37
	其他	38		≥30 年	59		≥1000 人	27

注:表中涉及的范围,均取下而不取上,例如,“10～15 年”包括 10 年但不包括 15 年,“100～300 人”包括 100 人但不包括 300 人。

2. 变量测量

各变量测量方法具体如下(见表 9-2)。

(1)环境可持续导向(ESO)反映企业重视环境保护,主动将环境保护系统融入其战略、战术以及日常运营之中,并在资源配置上给予环保实践活动以优先权的立场。借鉴 Liu 等和 Du 等的相关研究[191-192],形成包括 6 题项的量表。

(2)供应商参与绿色产品创新:供应商早期参与(GEI)反映企业在绿色新产品概念开发阶段强调供应商参与的程度,借鉴 Suurmond 等和 Wagner 等的相关研究[25-26],最终形成包括 4 条题项的测量量表;供应商深入参与(GDI)反映企业在绿色新产品结构化过程中强调供应商参与的程度,借鉴 Wynstra 等和 Cheng 等的相关研究[27,199],形成包括 4 条题项的量表。

(3)面向供应商参与绿色产品创新的契约结构特征:责任界定详尽(DRD)反映契约对双方责任划分和行为准则的强调程度,借鉴 Zou 的相关研究[106],形成包括 3 题项的量表;绩效评价详尽(DPE)反映契约对供应商绩效评价的强调程度,借鉴 Zou 等和 Bai 等的相关研究[106,116],形成包括 3 题项的量表;激励措施详尽(DIM)反映契约对激励供应商完成协同任务的强调程度,借鉴 Zou 等和 Jelle 等的相关研究[106,197],形成包括 3 题项的量表。

(4)供应商参与绿色产品创新效能(SIE)反映了供应商参与绿色产品协同创新目标的实现程度,即供应商参与绿色产品创新的有效性。依据第二章开发的供应商参与效能测量工具,最终形成包括 5 个题项的测量量表。

(5)控制变量:基于以往研究,企业规模能够影响企业对绿色产品创新的资源投入[194];企业年龄能够影响企业进行绿色产品创新的意愿[185];行业类型能够影响绿色产品创新的路径选择[24]。因此,本文选取企业规模、企业年龄与行业类型作为控制变量。

表 9-2 测量量表与信效度检验结果

变量	测量题项	因子载荷	α值	CR	AVE
环境可持续导向（ESO）	给予环保行为以充足的预算对我公司非常重要	0.741	0.877	0.878	0.546
	我司对环保技术开发或改进的支持力度非常高	0.710			
	向市场投放能够达到环保标准的产品对我公司非常重要	0.716			
	全面提升各部门及子公司的环保意识对我公司非常重要	0.704			
	我司特别重视基于环保标准的合作伙伴选择与评价	0.786			
	我司高层管理团队支持环保实践活动的信念非常坚定	0.775			
供应商早期参与（GEI）	我司注重同供应商合作完成有关绿色新产品创意生成的工作	0.903	0.928	0.929	0.765
	我司注重同供应商合作完成有关绿色新产品设计方案评估工作	0.881			
	我司注重同供应商合作完成有关绿色新产品概念生成工作	0.828			
	我司注重让供应商承担有关绿色新产品的设计咨询工作	0.885			
供应商深入参与（GDI）	我司注重同供应商合作完成有关绿色新产品原型开发的任务	0.906	0.941	0.942	0.801
	我司注重同供应商合作完成有关绿色新产品测试的任务	0.888			
	我司注重同供应商合作完成有关绿色新产品原材料、模块、零部件或子系统绿色化的任务	0.901			
	我司注重同供应商合作完成有关绿色新产品商业化生产的任务	0.885			

续表

变量	测量题项	因子载荷	α值	CR	AVE
责任界定详尽（DRD）	我司在契约中详细规定绿色产品协同创新推进过程中供应商与我司的权力、责任和义务	0.822	0.841	0.841	0.639
	我司在契约中详细规定绿色产品协同创新推进过程中供应商与我司的行为准则	0.798			
	我司在契约中详细规定绿色产品协同创新推进过程中处理意外事件的规则	0.778			
绩效评价详尽（DPE）	我司在契约中详细规定绿色产品协同创新中供应商需完成各项任务的时间节点	0.722	0.827	0.832	0.627
	我司在契约中详细规定绿色产品协同创新中供应商需完成各项任务的质量标准	0.914			
	我司在契约中详细规定绿色产品协同创新中供应商需完成各项任务的绿色/环保标准	0.726			
激励措施详尽（DIM）	该供应商参与我司绿色产品创新时，为我司的新产品提供了关键技术支持	0.788	0.850	0.854	0.663
	该供应商参与我司绿色产品创新时，总是能及时响应我司新产品的需求	0.915			
	该供应商参与我司绿色产品创新时，为我司新产品贡献了有重要价值的知识	0.733			

续表

变量	测量题项	因子载荷	α值	CR	AVE
供应商参与绿色产品创新效能（SIE）	该供应商参与我司绿色产品创新时，与我司开放共享关键技术及最新知识	0.951	0.896	0.897	0.635
	该供应商参与我司绿色产品创新时，总是能履行其有关产品创新的职责和承诺	0.886			
	该供应商参与我司绿色产品创新时，对新产品的最终功能实现发挥了关键作用	0.821			
	该供应商参与我司绿色产品创新时，针对新产品特定需求做出了重要的适应和调整	0.981			
	该供应商参与我司绿色产品创新时，高效达成了绿色产品创新的目标	0.840			

注：表中“我司”指制造企业。

3. 信度和效度检验

信效度检验结果如表 9－2 所示，利用统计工具来检测量表是否符合内部一致性和稳定性的标准，结果显示各个变量的 Cronbach's α 系数均大于 0.8，表明问卷设计的度量良好。本研究的量表设计均采用在类似情境下的成熟量表，并经过相关领域专家的指正，具有良好的内容效度。为检验聚合效度，进行验证性因子分析，结果显示各因子载荷值均大于 0.6，并依次计算得出各潜变量的平均方差抽取变异数(AVE)大于 0.5 的标准，组合信度(CR)大于 0.7 的标准，满足聚合效度的要求。潜变量 AVE 值的平方根大于该变量与其他变量的标准化相关系数，符合区分效度的要求。

4. 同源性检验

采用 Harman 单因素分析法检验共同方法偏差，单一因子测量模型(CFA)拟合参数为 $\chi^2/df=9.954$，GFI 为 0.259，NFI 为 0.244，RMSEA 为 0.188，与参数理想值差距巨大，在未转轴的情况下进行因子分析(EFA)，结果表明第一主成分的总方差解释值为 13.75%，所有因子的总方差解释度为 73.1 %，不存在一个因子解释大部分变异值的情形，由此可知，本研究中不存在严重的共同方法偏差影响。

9.1.4 供应商参与时机权变作用的实证分析

1. 描述性统计分析

各变量间的相关系数、均值、标准差以及 AVE 值的算术平方根如表 9－3 所示。研究的自变量绿色可持续导向与调节变量供应商早期参与、供应商深入参与、责任界定详尽、绩效评价详尽以及激励措施详尽均在一定程度上与因变量呈显著的相关关系。

表 9－3 描述性统计分析

变量	1	2	3	4	5	6	7	8	9
1. ESO	1								
2. GEI	−0.055	1							
3. GDI	0.086	0.084	1						
4. DRD	−0.143*	−0.286**	−0.016	1					
5. DPE	0.191**	−0.044	0.066	−0.135*	1				
6. DIM	−0.064	0.009	0.148*	0.116	0.158*	1			
7. SIE	0.514**	0.172**	0.154*	−0.021	0.121	0.102	1		
8. Size	−0.154*	0.095	−0.063	0.008	−0.018	0.086	0.051	—	
9. Age	−0.035	0.057	0.028	−0.064	−0.054	0.051	0.078	0.431**	—
10. Ind	0.028	−0.009	0.113	0.011	0.005	0.009	−0.035	−0.079	−0.055

注：N=252，** 在 0.01 水平(双侧)上显著相关，* 在 0.05 水平(双侧)上显著相关。

2. 假设检验

采用层次回归法进行假设检验，为了避免多重共线性，在进行数据分析前，对数据进行中心化处理。

1)主效应和调节效应

如表 9-4 所示，模型 1、模型 2 检验主效应，表明环境可持续导向正向影响供应商参与绿色产品创新效能($\beta=0.533, p<0.001$)，H9-1 得证。模型 3 和模型 4，表明供应商早期参与对环境可持续导向与供应商参与绿色产品创新效能之间的关系具有正向调节作用($\beta=0.225, p<0.001$)，H9-2a 得证；参考武梦超等对倒 U 型调节作用的模型检验方法[200]，模型 5 和模型 6，表明供应商深入参与对环境可持续导向与供应商参与绿色产品创新效能的正相关关系都具有显著的倒 U 型调节作用($\beta=-0.282, p<0.001$)，H9-2b 得证。

表 9-4 层次回归分析结果(1)

变量	M1	M2	M3	M4	M5	M6
Size	0.018	0.108	0.094	0.091	0.118	0.106
Age	−0.032	−0.038	−0.039	−0.007	−0.054	−0.039
Ind	0.066	0.045	0.043	0.027	0.039	0.049
ESO		0.533***	0.541***	0.457***	0.525***	0.720***
GEI			0.191***	0.175**		
GDI					0.122*	0.101
ESO×GEI				0.225***		
ESO×GDI						0.079
ESO×GDI^2						−0.282***
R^2	0.007	0.285	0.321	0.363	0.301	0.344
F	0.595***	24.461***	23.102***	23.106***	20.965***	18.195***
调整后 R^2	−0.004	0.273	0.307	0.348	0.285	0.325

注：* 表示 $P<0.05$，** 表示 $P<0.01$，*** 表示 $P<0.001$。

2)有调节的调节效应

参考 Cheng 和 Shiu 的“有调节的调节”模型检验方法[199]，如表 9-5 所示，模型 7 在模型 4 的基础上加入了责任界定详尽、环境可持续导向和责任界定详尽的乘积项(ESO×DRD)、供应商早期参与和责任界定详尽的乘积项(GEI×DRD)，模型 8 又加入了环境可持续导向、供应商早期参与和责任界定详尽的乘积项(ESO×GEI×DRD)，结果表明责任界定详尽程度负向调节早期参与的调节作用($\beta=-0.177, p<0.01$)，H9-3a 得证。

表 9-5　层次回归分析(2)

变量	M7	M8	M9	M10	M11	M12
Size	0.085	0.049	0.085	0.092	0.076	0.081
Age	−0.014	−0.019	−0.003	−0.002	−0.017	−0.008
Ind	0.034	0.041	0.027	0.019	0.031	0.033
ESO	0.478***	0.438***	0.454***	0.471***	0.461***	0.465***
GEI	0.212***	0.195***	0.168**	0.118*	0.179**	0.181**
ESO×GEI	0.241***	0.208***	0.255***	0.272***	0.213***	0.214***
DRD	0.108	0.089				
ESO×DRD	0.065	0.093				
GEI×DRD	0.009	0.057				
ESO×GEI×DRD		−0.177**				
DPE			0.023	0.055		
ESO×DPE			0.007	−0.078		
GEI×DPE			−0.098	−0.172**		
ESO×GEI×DPE				0.212***		
DIM					0.098	0.108*
ESO×DIM					0.002	−0.039
GEI×DIM					0.066	0.065
ESO×GEI×DIM						0.082
R^2	0.379	0.401	0.372	0.402	0.378	0.383
F	16.318***	16.062***	15.937***	16.248***	16.298***	14.937***
调整后 R^2	0.356	0.376	0.347	0.377	0.355	0.356

注：* 表示 $P<0.05$，** 表示 $P<0.01$，*** 表示 $P<0.001$。

同理采用模型 9～10、模型 11～12 检验绩效评价详尽、激励措施详尽的有调节的调节效应，如表 9-5 所示。结果表明，绩效评价详尽程度正向调节早期参与的调节作用（$\beta=0.212$，$p<0.001$），H9-4a 得证。激励措施详尽程度对供应商早期参与调节作用的正向调节作用不显著（$\beta=0.082$，$p>0.05$），H9-5a 未通过检验。经分析认为，产品协同创新的激励措施很大程度上是针对创新效益的二次分配或风险共担措施，供应商早期参与主要针对的是尚处于新产品概念化阶段的企业间合作，双方当下共同创造的价值并不能直接转化为经济效益，特别是对于绿色产品创新而言，其最终经济效益存在较大的不确定性，受各种外部因素的影响也比较深远[191]，针对当下有关绿色产品概念开发任务的激励措施并不是影响供应商参与意愿的关键因素。同时，在供应商早期参与的情况下以契约形式给予供应商激励，也容易造成供应商对关键知识待价而沽，不利双方完成产品创新早期的知识共享和知识创造。

如表 9-6 所示，模型 13 在模型 6 的基础上加入了责任界定详尽、环境可持续导向与责任界定详尽的乘积项(ESO×DRD)以及供应商深入参与和责任界定详尽的乘积项(GDI×DRD)，模型 14 又加入了环境可持续导向、供应商深入参与平方项、契约责任界定详尽的乘积项(ESO×GDI^2×DRD)。当倒 U 型关系受到正向调节作用的影响时，调节变量水平高，倒 U 型关系的拐点出现在自变量更高的状态，即倒 U 型影响会越弱；而负向调节作用则与之相反，调节变量水平高，倒 U 型关系的拐点出现在自变量更低的状态，即倒 U 型影响会越强[200]，因此，契约责任界定条款越详尽，供应商深入参与对环境可持续导向与供应商参与绿色产品创新效能间关系的倒 U 型调节作用越弱($\beta=0.190$，$p<0.05$)，H9-3b 得证。

表 9-6 层次回归分析(3)

变量	M13	M14	M15	M16	M17	M18
Size	0.097	0.092	0.108	0.098	0.099	0.088
Age	−0.046	−0.049	−0.036	−0.045	−0.029	−0.039
Ind	0.052	0.042	0.054	0.044	0.053	0.045
ESO	0.741***	0.713***	0.714***	0.687***	0.714***	0.669***
GDI	0.117*	0.138*	0.097	0.123*	0.095	0.103
ESO×GDI	0.058	0.019	0.094	0.097	0.036	−0.016
ESO×GDI^2	−0.306	−0.316***	−0.263***	−0.255***	−0.249***	−0.204***
DRD	0.036	0.039				
ESO×DRD	0.065	−0.069				
GDI×DRD	−0.072	−0.077				
ESO×GDI^2×DRD		0.190*				
DPE			0.017	0.053		
ESO×DPE			−0.032	0.122		
GDI×DPE			−0.087	−0.108*		
ESO×GDI^2×DPE				−0.231**		
DIM					0.089	0.068
ESO×DIM					0.006	−0.144*
GDI×DIM					−0.101	−0.118*
ESO×GDI^2×DIM						0.234**
R^2	0.353	0.368	0.351	0.372	0.356	0.381
F	13.171***	12.541***	12.998***	12.982***	13.289***	13.398***
调整后 R^2	0.326	0.339	0.324	0.344	0.330	0.352

注：* 表示 $P<0.05$，** 表示 $P<0.01$，*** 表示 $P<0.001$。

同理采用模型 15～16、模型 17～18 检验绩效评价详尽、激励措施详尽的有调节的调节效应，如表 9-6 所示。结果表明绩效评价越详尽，供应商深入参与对环境可持续导向与供应商参与绿色产品创新效能间关系的倒 U 型调节作用越强（$\beta=-0.231$，$p<0.01$），H9-4b 得证。契约激励措施越详尽，供应商深入参与对环境可持续导向与供应商参与绿色产品创新效能间关系的倒 U 型调节作用越弱（$\beta=0.234$，$p<0.01$），H9-5b 得证。

9.1.5 本节结论

(1)假设 H9-1（$\beta=0.533$，$P<0.001$）通过检验，表明环境可持续导向对供应商参与绿色产品创新效能具有正向影响。通过奉行环境可持续导向，能够有效挖掘制造企业的环保资源与能力，进行绿色供应商开发，集成供应商的绿色专长，进而获得供应商参与绿色产品创新效能的提升。

(2)假设 H9-2a（$\beta=0.225$，$P<0.001$，调整后 $R^2=0.346$）、假设 H9-2b（$\beta=-0.282$，$P<0.001$，调整后 $R^2=0.325$）通过检验，表明供应商参与绿色产品创新对环境可持续导向与供应商参与绿色产品创新效能关系存在调节作用，供应商早期参与的调节作用为正向，供应商深入参与则对上述关系存在倒 U 型调节作用。通过供应商早期参与绿色产品创新，制造企业能够尽早融合外部的环保知识和创意[201]，从而放大环境可持续导向对绿色产品协同创新效能的正向影响；尽管通过供应商的深入参与能够加快绿色新产品的商业化进程，但过度的相互适应也会造成创新过程的"路径依赖"和灵活性缺失，不利于制造企业在环境可持续导向下吸纳并采用最新的绿色技术，使绿色新产品面临着市场竞争力不足的风险，影响了绿色产品协同创新效能。

(3)当供应商早期参与绿色产品创新时，假设 H9-3a（$\beta=-0.177$，$P<0.01$，调整后 $R^2=0.376$）、假设 H9-4a（$\beta=0.212$，$P<0.001$，调整后 $R^2=0.377$）通过检验，但假设 H9-5a（$\beta=0.082$，$P>0.05$）未通过检验，表明具有绩效评价详尽而责任界定不详尽特征的契约，均能放大供应商早期参与对环境可持续导向与供应商参与绿色产品创新效能的正向影响，而激励措施是否详尽对供应商早期参与的调节作用不显著。在环境可持续导向下，面向供应商深入参与的契约应具有责任界定和激励措施详尽而绩效评价不详尽的特征，双方订立具有上述结构特征的契约有助于供应商深入参与达到更理想的效果；当供应商深入参与绿色产品创新时，假设 H9-3b（$\beta=0.190$，$P<0.05$，调整后 $R^2=0.339$）、假设 H9-4b（$\beta=-0.231$，$P<0.01$，调整后 $R^2=0.344$）、假设 H9-5b（$\beta=0.234$，$P<0.01$，调整后 $R^2=0.352$）均通过检验，表明具有责任界定和激励措施详尽而绩效评价不详尽特征的契约，均能放大供应商深入参与对环境可持续导向与供应商参与绿色产品创新效能的正向影响。在环境可持续导向下，面向供应商深入参与的契约应具有责任界

定和激励措施详尽而绩效评价不详尽的特征，双方订立具有上述结构特征的契约有助于供应商深入参与达到更理想的效果。

9.2 供应商参与模式的权变作用

9.2.1 供应商参与模式权变作用的研究现状

1. 供应商参与模式的研究背景

绿色产品创新是制造企业实现绿色发展转型的微观基础[202]。供应商参与绿色产品创新，不仅能有效降低创新的风险和成本，还能加快新产品的产业化进程[203]。相对普通产品创新而言，绿色产品创新的技术和市场不确定性较高，绩效考核和收益分配形式更加多元，造成企业对供应商参与过程的控制难度更高，供应商机会主义行为（如泄露核心知识、违背资源配置承诺和违反协同创新规范等）的问题也更加严重[167,204]。这不仅增加了制造企业绿色产品创新的成本和周期，更重要的是使企业无法充分集成供应商的绿色技术专长，形成供应商参与绿色产品创新效能低下的局面。

恰当的供应商关系治理能够增加互信和承诺，以此实现对协同创新过程中供应商行为的有效控制[35,205]。目前，各种形式的供应商关系治理（如正式化控制、社会化控制和互补双元控制等）对协同创新的正向作用已经比较明确[205-207]。但外包型、协作型和咨询型供应商参与对各类组织间协同任务（如共同创造、知识转移和资源共享等）的侧重程度不尽相同[65,81]。如果无法使治理形式与供应商参与模式达到适配（fit），不仅浪费了关系治理资源，还将增加供应商参与效果的不确定性。另外，供应商关系治理有助于动员供应商进行关系专用性投资（relationship-specific investments，以下简称 RSI）[208]。关系专用性投资是供应商高质量适应行为的基础，对制造商-供应商协同任务目标的达成具有关键作用[209]。进一步揭示供应商 RSI 在“供应商参与模式—治理形式适配”与供应商参与绿色产品创新效能之间的作用，可以为更具针对性的关系治理机制开发奠定理论基础。

综上，基于交易成本理论和社会交换理论，探明供应商参与绿色产品创新情境下，“供应商参与模式—治理形式适配”对供应商参与绿色产品创新效能的影响，以及供应商 RSI 在上述关系中的中介作用，在此基础上，揭示在不同供应商参与模式下，均能促使制造企业绿色产品创新达成预期效果的供应商治理形式，以及“供应商参与模式—治理形式适配”与供应商参与绿色产品创新效能间的转换机制。研究成果不仅能丰富绿色技术创新理论和供应商资源动员的研究，还可以为中国制造企业的绿色产品协同创新实践提供理论参考。

2. 理论基础

(1)供应商参与绿色产品创新的模式。供应商参与绿色产品创新是指制造企业通过与供应商共同设计绿色产品、确定绿色原材料标准和规范等,使企业能够通过供应商的参与解决有关绿色产品创新方面的问题,从而实现绿色产品创新的协同创新活动[65]。根据供应商承担的责任和主导权,将供应商参与模式分为白箱、灰箱和黑箱三种类型[210]。借鉴该思路,结合协同任务侧重点的差异,将供应商参与绿色产品创新分为外包型、协作型和咨询型三种模式[81],如图 9-2 所示。由于供应商参与绿色产品创新的复杂性和不确定性较高,企业需要采取相关措施控制供应商,从而确保供应商参与绿色产品创新的有效性[206]。由于三类供应商参与模式对各种协同任务的侧重程度不同,导致不同参与模式的关键成功因素存在较大差异[211]。例如咨询型供应商参与重点在知识转移,双方关系承诺水平是知识转移的关键[212],而协作型供应商参与侧重联合创造,信息共享和联合决策的效率是创新成功的关键[65]。故而,企业需要采取差异化的措施保障不同协同任务的目标均能顺利达成,但目前对于不同供应商参与模式之间关键成功因素及保障措施的研究还非常有限。

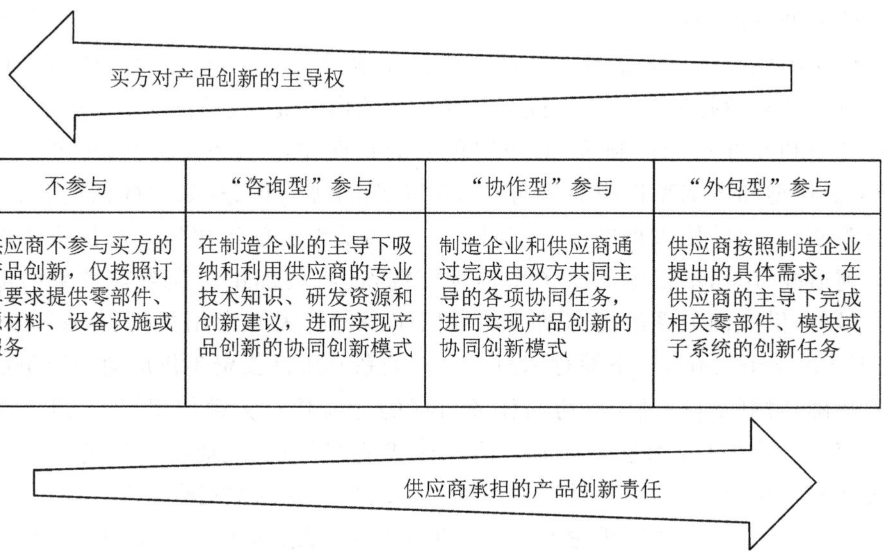

图 9-2 供应商参与模式

(2)供应商关系治理形式。供应商关系治理有助于企业在协同任务执行过程中控制供应商行为[213]。根据治理的组织形式和结构分为正式化控制和社会化控制[187,214]。基于交易成本理论,正式化控制能够降低协同过程中双方关系的不确定性,但其有效性受有限理性和制度环境的限制[187]。基于社会交换理论,社会化控制强调信任和共享，建立供应商回馈制造企业的意愿可以从根源上避免机会主义行为，但关系规范的执行刚性相对有限[1]。目前，正式化控制与社会化控制间的关系尚存争议。有研究认为，社会化控制将干扰正式化控制在明确责任方面的执行力，两种治理形式属于替代(substitutive)关系[213,215]；供应商双元治理(ambidextrous governance)的研究指出，正式化控制为关系信任奠定了基础[28]，社会化控制则克服了契约灵活性不足的缺陷[214]，两种治理形式间存在互补关系，即互补双元治理(orthogonality ambidextrous governance)的观点[166-188]。由此，形成了正式化、社会化和互补双元三种供应商关系治理形式。由于不同供应商参与模式对风险控制、明确职责、目标一致和知识共享等供应商关系治理目标的侧重程度存在较大差异[1,192]，企业应强调何种供应商关系治理形式需要根据供应商参与模式做出权变。但目前针对上述权变关系的研究还非常有限，治理形式与参与模式之间的适配关系仍不明晰。

(3)供应商 RSI。制造企业与供应商协同创新的情境下，双方在个别生产流程、产品规格和技术规范等方面存在兼容性不足的问题并不罕见[25]。为了保证协同创新的有效性，需要供应商做出适应，使其输出与创新需求相匹配[34,190]。高质量的适应行为建立在供应商投入大量关系专用性资产(例如专门的培训和专用的设备)的基础之上[190,216]。供应商资源动员领域的研究表明，恰当的供应商关系治理使得供应商建立对制造企业的正面预期，从而提升供应商对双方关系的满意度，使供应商为了维系与制造企业的长期合作关系进一步投入关系专用性资产[217-219]。根据交易成本理论，供应商治理形式与协同模式的适配使双方关系达到了更高的协调水平，进而降低供应商对投入关系专用性资产的风险感知[219]。故而，企业通过促进供应商 RSI 提升供应商参与绿色产品创新效能的过程，也需要保证供应商治理形式与参与模式相适配。由此可见，供应商参与模式与治理形式间适配不仅能提升供应商参与绿色产品创新效能，对于动员供应商 RSI 也具有非常重要的价值。然而，供应商参与模式与治理形式之间具体的适配关系还不明晰，上述适配关系是否有助于动员供应商 RSI，供应商 RSI 在不同供应商参与模式中发挥何种作用，目前还未有研究涉及。

9.2.2 基于供应商参与模式的权变作用模型与假设

1. 供应商参与模式、治理形式与供应商参与绿色产品创新效能

外包型供应商参与模式下，供应商承担了绿色新产品的局部创新任务(如对相关零部件、原材料或模块的开发)，协同创新过程的透明性偏低。同时，制造企业之所以会采用外包型参与大都是因为绿色产品创新的系统性、复杂性和技术新颖程度较高，企业又缺乏相关绿色技术和创新能力。此时，如不能清晰界定双方在协同

任务中的责任，不仅会增加交易成本，还可能导致双方之间的严重冲突[166]。故而，明确责任和控制风险对提升外包型供应商参与效果至关重要。

正式化控制通过详细的条款确保协同创新中信息的对称性和利益分配的公平性，不仅有利于明确双方责任，还能够增加供应商对协同创新过程中风险可控程度的认知[1]。根据交易成本理论，降低供应商对协同创新风险的感知能够使其响应绿色产品创新特殊需求的意愿得到提升[190]。由此可见，凭借正式化控制在控制风险和明确责任方面的优势，在外包型供应商参与的情境下，加强正式化控制有助于供应商参与绿色产品创新效能的提升。相反，由于需要有效控制外包创新的成本并抑制外包任务的模糊性，在此情境下加强社会化控制，无法对双方责任和绩效目标做出刚性约束，最终将为外包型供应商参与带来巨大的隐患和系统性风险[1,187]。如果采用互补双元控制，由于外包型供应商参与模式中供应商承担的任务比较具体且明确，加强社会化控制将对正式化控制的可执行程度产生干扰，造成双方对合作规范产生误判，不仅不利于事前风险控制工作，还会降低正式化控制对双方协同创新的积极影响[28]。据此，提出如下假设：

H9－6a：外包型供应商参与情境下，正式化控制比社会化控制更能提升供应商参与绿色产品创新效能。

H9－6b：外包型供应商参与情境下，正式化控制比互补双元控制更能提升供应商参与绿色产品创新效能。

H9－6c：外包型供应商参与—正式化控制间适配对供应商参与绿色产品创新效能具有正向影响。

共同创造是协作型供应商参与绿色产品创新的重点任务，需要依靠频繁且深入的跨组织沟通，为了一致的目标开放共享相关知识[106]，故而知识共享和联合决策的效率对提高供应商参与绿色产品创新效能至关重要。

根据社会交换理论，社会化控制产生的互信有助于增加跨组织交流的深度和广度，减少协同创新过程中的认知差异[197]，这不仅能够使双方愿意为了共同的目标而做出积极贡献，还能激励双方积极尝试绿色新技术和新方法，通过协同创新创造更大的价值[8]。此外，良好的互动氛围对知识共享和联合决策意义重大，通过社会化控制形成的关系规范能够改善双方互动氛围[198]。故而，加强社会化控制能够使协作型供应商参与达到理想的效果。相反，由于当前绿色技术正处于快速变革期，加强正式化控制将导致创新过程和价值共创行为走向僵化，降低创新路径切换的灵活性[199]。与此同时，根据社会交换理论，对于需要密切合作的伙伴加强正式化控制是缺乏信任的表现，不仅不利于提升知识共享的质量，对联合决策的效率也会产生负面影响[26,28]。在协作型供应商参与的情境下，采用互补双元控制并不能实现相互强化。这是因为，在协作型供应商参与过程中需要开展密切互动并保证互动效率，强化多种形式的控制不仅会增加互动成本，正式化控制带来的约束还会降低互动效率[28]，不利于制造企业与供应商之间的共同创造。据此，提出如下假设：

H9－7a：协作型供应商参与情境下，社会化控制比正式化控制更能提升供应商参与绿色产品创新效能。

H9－7b：协作型供应商参与情境下，社会化控制比互补双元控制更能提升供应商参与绿色产品创新效能。

H9－7c：协作型供应商参与—社会化控制间适配对供应商参与绿色产品创新效能具有正向影响。

咨询型供应商参与制造企业绿色产品创新主要强调供应商对制造企业提供有针对性协助（如专业知识、方案建议和技术人员培训等），以弥补制造企业在绿色创新资源方面的不足[106]，故而动员和吸纳供应商绿色产品创新资源对提高咨询型供应商参与效能至关重要。

根据社会交换理论，通过社会化控制有助于供应链企业间的理解、信任与承诺，从而促进彼此间深入详细的资源共享[1]。此外，社会化控制能够帮助制造企业克服供应商技术资源转移过程中不可预见的困难（例如操作系统不兼容、隐性知识理解有误和人员冲突等），从而提升企业获取供应商绿色创新资源的灵活性和针对性[187]。然而，在咨询型供应商参与中，仅靠社会化控制并不能确保供应商绿色创新资源获取的可靠性。这是因为，绿色产品创新的复杂性和不确定性较高，协同创新过程中面临较大的机会主义行为风险（如泄露或隐瞒核心知识、违背资源共享承诺等），需要详细的且具备强制力的契约为双方之间的互信提供支撑[1]。同时，以契约的形式对未来双方权力、责任、利益以及协同创新目标进行详细说明，有助于双方产生事前理性认知，降低供应商创新资源（如知识）转移过程中双方出现分歧的可能性[1,27]。同样，只依靠正式化控制也不能保证资源获取和知识转移的效力，需要通过社会化控制建立信任、承诺以及共同的合作愿景，激发供应商主动分享关键技术资源的意愿，确保协同创新项目能够准确、及时和充分地获取供应商的绿色技术资源[26]。故而，咨询型供应商参与情境下，采用互补双元控制能够使供应商参与绿色产品创新效能获得较大提升。据此，提出如下假设：

H9－8a：咨询型供应商参与情境下，互补双元控制比正式化控制更能提升供应商参与绿色产品创新效能。

H9－8b：咨询型供应商参与情境下，互补双元控制比社会化控制更能提升供应商参与绿色产品创新效能。

H9－8c：咨询型供应商参与—互补双元控制间适配对供应商参与绿色产品创新效能具有正向影响。

2. 供应商 RSI 的中介作用

供应商参与绿色产品创新中投入 RSI 是供应商为满足制造企业绿色产品创新要求投入的专用性资产（如更换生产设备、系统、员工培训、掌握特定知识等）[218]。根据交易成本理论，供应商治理形式与协同模式的适配使双方关系达到了更高的协调水平，在这种协调关系中双方沟通更顺畅，对彼此期望的把握也更准确，供应商能够对制造企业的可靠性和动机产生正面认知，降低了供应商的关系风险感知[219]。在此基础上，供应商面向绿色产品协同创新配置专用性资源的不确定性随之降低，面向制造企业投入更多的关系专用性资产的意愿将随之增加[190]。此外，协调的合作关系还能够使双方形成共同的愿景和目标，增加了双方关系的战略匹配程度，使供应商为了成功实现价值共创增加关系专用性资产投入[1,220]。

根据交易成本理论，随着供应商 RSI 规模的加大，供应商机会主义行为的成本将随之增加，促进了双方之间战略信息的共享[221]。在此基础上，供应商更加精准地把握制造企业创新的需求，提高了供应商对绿色产品协同创新的实际贡献[84]。供应商投入关系专用性资产是为了适应制造企业的需求，适应性行为会强化双方之间关系的锁定效应（locked in），增加供应商的依赖[24,190]。在此基础上，供应商为了获得长期效益或避免更大损失，在参与绿色产品协同创新的过程中与制造企业相向而行的动机将得到充分调动[167]。由此可见，供应商参与模式与治理形式的适配能够通过增加双方的关系协调与互信，促使供应商主动投入 RSI 并以此适应绿色产品创新的特殊需求，在此基础上又进一步巩固了双方之间的关系，使供应商参与绿色产品协同创新能够取得更加理想的效果。据此，提出如下假设：

H9-9：供应商 RSI 在“供应商参与模式—供应商治理形式适配”与供应商参与绿色产品创新效能间发挥中介作用。

结合上述假设及论证，提出概念模型，如图 9-3 所示。

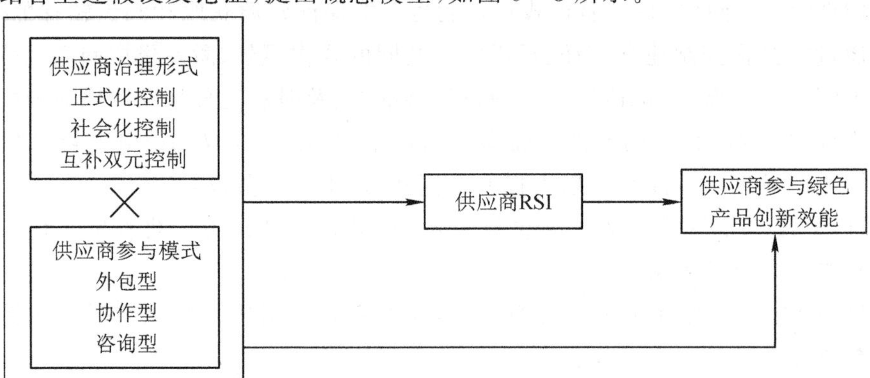

图 9-3　供应商参与模式的权变作用概念模型

9.2.3 供应商参与模式权变作用研究设计

1. 量表前测

根据已有研究[106,189,193,223]和企业访谈结果，针对供应商参与设计了测量量表。首先，根据预调研结果，对量表整体进行数据处理并删除无效题项，潜变量的KMO值高于0.5的标准，适合进行因子分析。通过因子分析发现，潜变量的因子都能被很好区分，相关题项保持在同一维度，说明量表较好反映了各因子所表达含义。对三个因子的命名分别为外包型供应商参与、协作型供应商参与和咨询型供应商参与；外包型供应商参与(OT)反映了在制造商-供应商绿色产品协同创新过程中按照制造企业的需求，由供应商主导并负责完成新产品局部创新任务的程度；协作型供应商参与(CT)反映了在制造商-供应商绿色产品协同创新过程中由双方共同主导并负责完成相关创新任务的程度。咨询型供应商参与(IT)反映了在制造商-供应商绿色产品协同创新过程中由制造企业主导并负责完成具体创新任务的程度。针对三种供应商参与的量表具有较好的内部结构，可以继续发放问卷，具体测量题项见表9-7。

表9-7 测量量表

变量	测量题项	因子载荷	α值	AVE	CR
外包型供应商参与(OT)	1.在绿色产品协同创新过程中，该供应商承担了绿色新产品相关零部件、模块或子系统的开发任务	0.907	0.909	0.771	0.910
	2.在绿色产品协同创新过程中，该供应商对其负责开发的零部件、模块或子系统享有较大决策权	0.876			
	3.在绿色产品协同创新过程中，供应商负责开发的零部件、模块或子系统需达到我司提出的具体要求	0.850			
协作型供应商参与(CT)	1.在绿色产品协同创新过程中，我司把该供应商当作绿色新产品的共同创造者	0.823	0.882	0.720	0.885
	2.在绿色产品协同创新过程中，我司和该供应商共同决定绿色新产品开发的关键问题	0.937			
	3.在绿色产品协同创新过程中，建立了多重沟通渠道以保证双方快速达成共识	0.778			

续表

变量	测量题项	因子载荷	α值	AVE	CR
咨询型供应商参与(IT)	1. 在绿色产品协同创新过程中，我司把该供应商当作绿色新产品开发的协助者	0.838	0.898	0.765	0.907
	2. 在绿色产品协同创新过程中，主要的协同任务均在我司领导下展开	0.979			
	3. 在绿色产品协同创新过程中，由我司最终决定是否采纳该供应商提出的建议	0.797			
正式化控制(FC)	1. 我司强调与该供应商订立的契约需详细阐释绿色产品协同创新中双方的责任和义务	0.698	0.884	0.668	0.889
	2. 我司强调与该供应商订立的契约需详细阐释绿色产品协同创新中双方如何开展协作	0.826			
	3. 我司强调与该供应商订立的契约需详细阐释绿色产品协同创新中双方分歧解决方案	0.924			
	4. 整体而言，契约是我司规范该供应商在绿色产品协同创新中行为的主要措施	0.806			
社会化控制(SC)	1. 我司强调与该供应商进行绿色产品协同创新，应相信供应商是信守承诺的合作伙伴	0.789	0.906	0.707	0.906
	2. 我司强调与该供应商进行绿色产品协同创新，需要与供应商进行深入详细的交流	0.831			
	3. 我司强调与该供应商进行绿色产品协同创新，应充分征求供应商的意见做出灵活调整	0.913			
	4. 我司强调与该供应商进行绿色产品协同创新，需要与供应商共同解决遇见的难题	0.826			

续表

变量	测量题项	因子载荷	α值	AVE	CR
供应商关系专用性投资(RSI)	1. 该供应商面向我司的绿色产品创新，对员工进行了特殊培训	0.720	0.937	0.729	0.941
	2. 该供应商面向我司的绿色产品创新，设法掌握了特定知识	0.801			
	3. 该供应商面向我司的绿色产品创新，进行了针对性的技术创新	0.921			
	4. 该供应商面向我司的绿色产品创新，更换了生产设备和工具	0.968			
	5. 该供应商面向我司的绿色产品创新，更改了产品的性能参数	0.877			
	6. 该供应商面向我司的绿色产品创新，调整了生产工艺和系统	0.812			
供应商参与绿色产品创新效能(SIE)	1. 该供应商参与我司绿色产品创新时，与我司开放共享关键技术及最新知识	0.812	0.938	0.736	0.933
	2. 该供应商参与我司绿色产品创新时，总是能履行其有关产品创新的职责和承诺	0.898			
	3. 该供应商参与我司绿色产品创新时，对新产品的最终功能实现发挥了关键作用	0.877			
	4. 该供应商参与我司绿色产品创新时，针对新产品特定需求做出了重要的适应和调整	0.845			
	5. 该供应商参与我司绿色产品创新时，高效达成了绿色产品创新的目标	0.855			

注：每份问卷均围绕一组特定制造商-供应商关系展开，其中，“我司”是指这组关系中的制造企业。

2. 量表修正

在已有成熟量表的基础上完成其他变量的测量，但仍需根据本研究的具体情境做适当修改，除控制变量外，所有变量采用李克特七级量表，数字1～7代表受访者对题项的肯定程度。修正后的变量测量方法如下，形成的测量量表见表9-7。

(1)正式化控制(FC)反映了在制造商-供应商绿色产品协同创新的情境下，制造企业强调通过与供应商签订正式且详尽的契约发展和维持双方合作关系的程度。借鉴Zhang等[31]的正式化控制量表和Huo等[205]的详尽契约量表，最终形成包括4个题项的测量量表。

(2)社会化控制(SC)反映了在制造商-供应商绿色产品协同创新的情境下，制造企业强调通过各种社会化的行为发展和维持双方长期的合作关系的程度。借鉴Zhang等[31]的社会化控制量表和Huo等[205]的关系治理的测量量表，最终形成包括4个题项的测量量表。

(3)供应商关系专用性投资(RSI)是指在制造商-供应商绿色产品协同创新过程中，供应商为满足制造企业产品创新的特殊要求所进行的不可收回的资源投入。借鉴Wagner等[34]的供应商关系专用性资产投入量表和Harmancioglu等[227]的知识专用性量表，最终形成包括6个题项的测量量表。

(4)供应商参与绿色产品创新效能(SIE)反映了供应商参与绿色产品协同创新目标的实现程度，即供应商参与绿色产品创新的有效性。依据第二章开发的供应商参与绿色产品协同创新效能测量工具，最终形成包括5个题项的测量量表(见表9-7)。

(5)控制变量。选取样本企业规模、成立年限和供应商对关系的依赖程度作为本研究的控制变量。企业规模和成立年限作为内生因素，能够影响供应商参与绿色产品创新中资源共享的意愿[27]，供应商对关系的依赖程度作为外生因素，能够影响供应商的资源配置意愿[116,229]，可能对供应商参与绿色产品创新效能产生影响。企业规模采用企业在职员工总数测度，成立年限以企业成立至今的运营年数测度，供应商关系依赖用近三年来制造企业对供应商的订单占其年销售额之比度量。

3. 数据收集

为确保问卷回收的有效性，选择对绿色产品创新需求比较迫切的制造企业作为抽样对象。考虑到对题项的理解需要具备一定的专业知识和经验，将调查对象锁定在企业高管以及与供应商管理直接相关的部门经理。采用三种数据收集途径：一是邀请某知名高校管理学院的MBA、EMBA学员填写问卷，并邀请其同事共同完成问卷填写；二是借助人脉关系联系园区和行业协会的工作人员，在其帮助下现场发放并回收问卷；三是通过检索相关行业协会成员目录，从中随机筛选出企业作为样本，对可接触的企业进行问卷发放。为了尽可能降低同源性带来的测量偏差，对每个样本设计了一式两份(A、B)的问卷，A问卷由企业高管对有关供应商治理形式和供应商参与的问题进行填写，B问卷由同一企业的相关部门经理对供应商RSI和供应商参与绿色产品创新效能相关题项进行填写。A、B卷按1∶1的比例发放。一共发放520套问卷，剔除无效的问卷，最终保留246套有效问卷，有效回收率47.30%，缺省检验表明缺省问卷的基本信息与有效问卷不存在显著差异。对通过不同方式收集的样本数据进行了t检验，没有显著的差异，可以合并使用。有效样本特征描述如表9-8所示。

表 9-8 样本特征描述(N=246)

项目	类别	样本数量/份	占比/%	项目	类别	样本数量/份	占比/%
产业类型	电子	54	21.95	成立年限	不足3年	22	8.94
	交通运输设备	61	24.79		3～5年	34	13.82
	纺织	65	26.42		6～10年	79	32.11
	家电	49	19.92		11～15年	77	31.30
	其他	17	6.92		15年以上	34	13.83
企业规模	100人以下	14	5.69	关系依赖	不足1%	19	7.72
	100～300人	88	35.77		1%～5%	98	39.84
	300～500人	101	41.06		6%～10%	87	35.37
	500～1000人	30	12.19		11%～20%	37	15.04
	1000人以上	13	5.29		21%及以上	5	2.03

注:表中涉及的范围,均取下而不取上,例如,“100人以下”不包括100人,“100～300人”包括100人但不包括300人,“1000人以上”包括1000人。

4. 同源方差检验

采用Harman单因素分析法对本研究同源性问题进行检验,对所有题项进行探索性因子分析,最大因子对总方差的解释为30.898%,所有因子的总方差解释为80.156%,不存在一个公因子解释大部分变异量的情况。因此,同源性问题不会影响研究结果。

9.2.4 供应商参与模式权变作用实证分析

1. 信度和效度检验和相关分析

为检验变量的内部一致性,研究所涉及变量的Cronbach's α 系数均大于0.8的理想标准,符合信度标准,呈现较好的内部一致性。量表大都是基于已经发表的论文中相似变量的测量工具,并在量表前测和量表修正过程中参考了相关专家和公司高管的建议,经过反复修改而成,具有较好的内容效度。对变量进行验证性因子分析来检验收敛效度,计算结果显示各变量的题项因子载荷均大于0.6的理想值,CR值均大于0.7的标准,AVE值均大于0.5的标准。为检验区分效度,如表9-9所示,任意变量与除控制变量外的其他变量的相关系数,都小于该变量AVE的平方根,说明区分效度良好。

2. 假设检验

1)描述性统计分析

本研究验证的是两个变量之间的适配对因变量的影响,以及中介变量在之间

表 9-9 描述性统计和相关系数

变量名	均值	标准差	1	2	3	4	5	6	7	8	9
1. OT	4.1899	1.01791	(0.878)								
2. CT	4.0393	1.01302	0.325**	(0.849)							
3. IT	4.2141	1.14350	0.393**	0.140*	(0.875)						
4. FC	4.4827	0.96677	0.117	−0.244**	0.225**	(0.817)					
5. SC	4.2022	0.99335	−0.042	0.063	−0.197**	−0.043	(0.841)				
6. RSI	4.1153	1.08120	0.499**	0.250**	0.370**	0.106	0.129*	(0.854)			
7. SIE	4.4096	1.05036	0.320**	0.143*	0.305**	0.097	−0.018	0.682**	(0.859)		
8. 企业规模	2.7567	0.92883	0.033	−0.026	−0.060	0.138*	0.008	0.042	0.144*	—	
9. 成立年限	3.2724	1.13704	0.090	0.060	0.028	0.036	−0.095	0.021	0.098	0.515**	—
10. 关系依赖	2.6382	0.90080	0.067	0.021	0.060	0.221**	−0.052	0.223**	0.145*	0.299**	0.184**

注：$N=246$，** 表示在 0.01 水平（双侧）上显著相关，* 表示在 0.05 水平（双侧）上显著相关；对角线上数值是各因子的 AVE 平方根。

的作用,故而不能通过单个变量与因变量的相关系数来证明假设,但从表 9-9 中可以看出变量间显示出了不同程度的相关性,如外包型、协作型、咨询型与正式化控制呈现不同的相关关系($\beta=0.117$; $\beta=-0.244$, $p<0.01$; $\beta=0.225$, $p<0.01$);外包型、协作型、咨询型与供应商 RSI 也呈现不同的相关关系($\beta=0.499$, $p<0.01$; $\beta=0.250$, $p<0.01$; $\beta=0.370$, $p<0.01$)。还需要进一步验证适配关系和供应商 RSI 的中介作用。

2)适配关系检验

在检验供应商参与模式与供应商治理形式适配的有效性时,主要借鉴 Liu 等[229]及 Arranz 等[230]的研究方法分两阶段进行:第一阶段使用关系临界测试,比较供应商参与模式与治理形式间不同组合所解释的方差比例检验相关假设,并进行半偏相关分析,通过贡献的比较初步检验适配关系;第二阶段,采用交互与偏差分数并行的方法进一步检验适配关系。

第一阶段,检验结果如表 9-10 所示。在检验交互效应前,对所有变量进行标准化。表 9-10 的数据显示,模型 1 是检测三个控制变量对因变量的影响。模型 2 中加入自变量外包型×正式化、外包型×社会化、外包型×正式×社会化,模型 2 显示,外包型×正式化、外包型×社会化和外包型×正式×社会化都正向影响供应商参与绿色产品创新效能。模型 3 是控制变量、自变量外包型×社会化、外包型×正式×社会化对因变量的回归模型。模型 4 是控制变量、外包型×正式化、外包型×正式×社会化对因变量的回归模型,模型 5 是控制变量、外包型×正式化、外包型×社会化对因变量的回归模型。分析方差变化情况可知,$\Delta R^2_{模型2-模型3}=R^2_{模型2}-R^2_{模型3}=0.451-0.262=0.189$,$\Delta R^2_{模型2-模型4}=R^2_{模型2}-R^2_{模型4}=0.451-0.405=0.046$,$\Delta R^2_{模型2-模型5}=R^2_{模型2}-R^2_{模型5}=0.451-0.439=0.012$。由于 $\Delta R^2_{模型2-模型3}>\Delta R^2_{模型2-模型4}$,表明外包型供应商参与情境下,正式化控制比社会化控制更能提升供应商参与绿色产品创新效能,即 H9-6a 得证;$\Delta R^2_{模型2-模型3}>\Delta R^2_{模型2-模型5}$,表明外包型供应商参与情境下,正式化控制比互补双元控制更能提升供应商参与绿色产品创新效能,即 H9-6b 得证。

基于相同分析思路,$\Delta R^2_{模型6-模型7}=0.056$,$\Delta R^2_{模型6-模型8}=0.339$,$\Delta R^2_{模型6-模型9}=0.045$。由于 $\Delta R^2_{模型6-模型8}>\Delta R^2_{模型6-模型7}$,表明协作型供应商参与情境下,社会化控制比正式化控制更能提升供应商参与绿色产品创新效能,即 H9-7a 得证;$\Delta R^2_{模型6-模型8}>\Delta R^2_{模型6-模型9}$,表明协作型供应商参与情境下,社会化控制比互补双元控制更能提升供应商参与绿色产品创新效能,即 H9-7b 得证。$\Delta R^2_{模型10-模型11}=0.042$, $\Delta R^2_{模型10-模型12}=0.009$, $\Delta R^2_{模型10-模型13}=0.2$。由于 $\Delta R^2_{模型10-模型13}>\Delta R^2_{模型10-模型11}$,表明咨询型供应商参与情境下,互补双元控制比正式化控制更能提升供应商参与绿色产品创新效能,即 H9-8a 得证;$\Delta R^2_{模型10-模型13}>\Delta R^2_{模型10-模型12}$,表明咨询型供应商参与情境下,互补双元控制比社会化控制更能提升供应商参与

表 9-10 回归分析结果

变量	供应商参与绿色产品创新效能（$N=246$）												
	模型 1	模型 2	模型 3	模型 4	模型 5	模型 6	模型 7	模型 8	模型 9	模型 10	模型 11	模型 12	模型 13
企业规模	0.095	0.054	0.078	0.060	0.049	0.085	0.078	0.107	0.095	0.106	0.091	0.109	0.111
成立年限	0.029	0.038	0.006	0.051	0.043	0.050	0.048	0.044	0.074	0.007	0.020	0.012	−0.004
关系依赖	0.112	−0.027	0.066	−0.030	−0.025	0.018	0.064	0.076	0.047	0.045	0.067	0.052	0.054
OT×FC		0.496***		0.603***	0.502***								
OT×SC		0.246***	0.455***		0.264***								
OT×FC×SC		0.121*	0.141*	0.151**									
CT×FC						0.252***		0.227***	0.194***				
CT×SC						0.645***	0.634***		0.541***				
CT×FC×SC						0.251***	0.179**	−0.040					
IT×FC										0.219***		0.231***	0.304***
IT×SC										0.111*	0.136*		0.217***
IT×FC×SC										0.470***	0.511***	0.495***	
R^2	0.033	0.464	0.277	0.417	0.450	0.424	0.366	0.089	0.377	0.389	0.345	0.378	0.190
调整 R^2	0.021	0.451	0.262	0.405	0.439	0.409	0.353	0.070	0.364	0.374	0.332	0.365	0.174
F 值	2.731*	34.548***	18.436***	34.342***	39.332***	29.277***	27.720***	4.707***	29.089***	25.412***	25.306***	29.204***	11.292***

注：*** 表示 $p<0.001$，** 表示 $p<0.01$，* 表示 $p<0.05$。

绿色产品创新效能，即 H9－8b 得证。

为了进一步验证以上分析结果，通过半偏相关分析来检验供应商参与模式和供应商治理形式的适配对供应商参与绿色产品创新效能的独立贡献。结果见表 9－11。

表 9－11 半偏相关分析

变量	供应商参与绿色产品创新效能	
	相关系数	相关系数平方
OT×FC	0.514	0.264
OT×SC	0.291	0.085
OT×FC×SC	0.158	0.025
CT×FC	0.308	0.095
CT×SC	0.609	0.371
CT×FC×SC	0.301	0.091
IT×FC	0.262	0.069
IT×SC	0.148	0.022
IT×FC×SC	0.492	0.242

外包型×正式化对供应商参与绿色产品创新效能的贡献为 0.264，外包型×社会化对供应商参与绿色产品创新效能的贡献为 0.085，外包型×正式×社会化对供应商参与绿色产品创新效能的贡献为 0.025，由此可知外包型参与模式与正式化控制适配对供应商参与绿色产品创新效能的促进作用最强。同理分析可得，协作型参与模式与社会化控制适配对供应商参与绿色产品创新效能的贡献最大(0.371)，咨询型参与模式与互补双元控制适配对供应商参与绿色产品创新效能的贡献最大(0.242)。由此可知，外包型供应商参与下采用正式化控制更有效，协作型供应商参与下采用社会化控制更有效，咨询型供应商参与下采用互补双元控制更能提高供应商参与绿色产品创新效能。假设 H9－6c、H9－7c、H9－8c 得到初步验证。

第二阶段，采用交互与偏差分数并行的方法进一步检验适配关系。当二者交互项对供应商参与绿色产品创新效能有正向影响、二者之差绝对值对供应商参与绿色产品创新效能有负向影响时，说明二者是适配关系。对所有变量进行中心化处理，以避免多重共线性。如表 9－12 所示，外包型×正式化、协作型×社会化、咨询型×正式×社会化对供应商参与绿色产品创新效能有正向影响(β=0.490，p<0.001；β=0.437，p<0.001；β=0.472，p<0.001)，|外包型－正式化|、|协作型－社会化|、|咨询型－正式×社会化|对供应商参与绿色产品创新效能有负向影响

表 9-12　分层逐步回归分析结果

变量	供应商参与绿色产品创新效能				供应商 RSI		供应商参与绿色产品创新效能		
	模型 1	模型 2	模型 3	模型 4	模型 5	模型 6	模型 7	模型 8	模型 9
企业规模	0.095	0.078	0.080	0.103	−0.073	0.110*	0.098	0.102*	0.106*
成立年限	0.029	0.073	0.072	0.021	0.029	0.036	0.041	0.058	0.034
关系依赖	0.112	−0.037	0.062	0.071	0.050	−0.047	−0.052	−0.037	−0.031
OT×FC		0.490***			0.842***		0.141		
|OT-FC|		−0.224***							
CT×SC			0.437***		0.378***			0.349***	
|CT-SC|			−0.165*						
IT×FC×SC				0.472***	0.522***				0.261***
|IT-FC×SC|				−0.140*					
RSI						0.687***	0.569***	0.549***	0.544***
R^2	0.033	0.427	0.353	0.342	0.411	0.481	0.486	0.584	0.529
调整 R^2	0.021	0.415	0.340	0.329	0.401	0.472	0.475	0.575	0.519
F 值	2.731*	35.807***	26.221***	25.001***	65.412***	55.761***	45.421***	67.317***	53.929***

注：*** 表示 $p<0.001$，** 表示 $p<0.01$，* 表示 $p<0.05$。

($\beta=-0.224$, $p<0.001$; $\beta=-0.165$, $p<0.05$; $\beta=-0.140$, $p<0.05$)，说明存在适配关系，即外包型供应商参与和正式化控制相适配，协作型供应商参与和社会化控制相适配，咨询型供应商参与和互补双元控制相适配，进一步验证了假设H9-6c、H9-7c、H9-8c。

3）中介作用检验

适配关系得到证实，进一步检验供应商RSI的中介作用，结果见表9-12。

外包型×正式化对供应商RSI有正向影响($\beta=0.842$, $p<0.001$)，供应商RSI对供应商参与绿色产品创新效能有正向影响($\beta=0.687$, $p<0.001$)，加入中介变量后，外包型×正式化对供应商参与绿色产品创新效能的影响由原本的0.490($p<0.001$)变得不显著($\beta=0.141$)，说明供应商RSI在外包型×正式化与供应商参与绿色产品创新效能间发挥了“完全中介作用”。

协作型×社会化对供应商RSI有正向影响($\beta=0.378$, $p<0.001$)，供应商RSI对供应商参与绿色产品创新效能有正向影响($\beta=0.687$, $p<0.001$)，加入中介变量后，协作型×社会化对供应商参与绿色产品创新效能的影响($\beta=0.437$, $p<0.001$)有所削弱但仍然显著($\beta=0.349$, $p<0.001$)，说明供应商RSI在协作型×社会化与供应商参与绿色产品创新效能间发挥了“部分中介作用”。

咨询型×正式×社会化对供应商RSI有正向影响($\beta=0.522$, $p<0.001$)，供应商RSI对供应商参与绿色产品创新效能有正向影响($\beta=0.687$, $p<0.001$)，加入中介变量后，咨询型×正式×社会化对供应商参与绿色产品创新效能的影响($\beta=0.472$, $p<0.001$)有所削弱但仍然显著($\beta=0.261$, $p<0.001$)，说明供应商RSI在咨询型×正式×社会化与供应商参与绿色产品创新效能间发挥了“部分中介作用”。

3. 稳健性检验

进一步采用Bootstrap法对有关中介作用的结论进行稳健性检验(见表9-13)。外包型×正式化的直接效应的点估计值为0.1288，95%的置信区间CI为[-0.0289, 0.2866]，置信区间包含0，没有达到显著性水平，外包型×正式化对供应商参与绿色产品创新效能不具有直接影响，间接效应点估计值为0.4387，95%的置信区间CI为[0.2639, 0.6263]，置信区间不包含0，达到显著性水平，故而认为供应商RSI在外包型×正式化和供应商参与绿色产品创新效能之间发挥“完全中介作用”；协作型×社会化的直接效应点估计值为0.3908，95%的置信区间CI为[0.2910, 0.4907]，间接效应点估计值为0.2321，95%的置信区间CI为[0.1380, 0.3464]，置信区间均不包含0，均达到显著性水平，供应商RSI在协作型×社会化和供应商参与绿色产品创新效能之间发挥“部分中介作用”；咨询型×正式化×社会化的直接效应点估计值为0.2829，95%的置信区间CI为[0.1707, 0.3951]，间接效应点估计值为0.3078，95%的置信区间CI为[0.1998, 0.4429]，置信区间均不包含0，供应商RSI在咨询型×正式化×社会化和供应商参与绿色产品创新效能之间发挥“部分中介作用”；综上，H9-9提出的中介效应得到验证且较为稳健。

根据企业类型将样本分为2组：一组为传统制造业企业，共128个样本；另一组为先进制造业企业，共118个样本。运用分层逐步回归分析法，分别对这两组样本进行分析，结果表明大部分变量的回归系数符号及显著性基本保持一致，假设检验结果没有改变。因此，认为研究结果整体具有一定的稳健性。

表9-13 中介效应的Bootstrap分析结果

效应	路径	点估计	标准误	t值	p值	BootLLCI	BootULCI	检验结果
直接效应	OT×FC→SIE	0.1288	0.0801	1.6091	0.1089	−0.0289	0.2866	不通过
	CT×SC→SIE	0.3908	0.0507	7.7103	0.0000	0.2910	0.4907	通过
	IT×FC×SC→SIE	0.2829	0.0569	4.9681	0.0000	0.1707	0.3951	通过
间接效应	OT×FC→RSI→SIE	0.4387	0.0925			0.2639	0.6263	
	CT×SC→RSI→SIE	0.2321	0.0536			0.1380	0.3464	
	IT×FC×SC→RSI→SIE	0.3078	0.0617			0.1998	0.4429	

9.2.5 本节结论

本研究构建了一个兼顾适配关系与中介作用的模型，既强调供应商参与模式—供应商治理形式间适配在提高供应商参与绿色产品创新效能中的重要作用，也揭示了供应商RSI在不同适配关系与供应商参与绿色产品创新效能间桥梁作用的差异。通过实证检验得出如下结论：

(1)供应商参与模式—供应商治理形式适配能够使供应商参与绿色产品创新更有效。具体而言：外包型供应商参与和正式化控制适配($\beta=0.490$，$p<0.001$；$\beta=-0.224$，$p<0.001$)、协作型供应商参与和社会化控制适配($\beta=0.437$，$p<0.001$；$\beta=-0.165$，$p<0.05$)、咨询型供应商参与和互补双元控制适配($\beta=0.472$，$p<0.001$；$\beta=-0.140$，$p<0.05$)，若能形成上述适配关系更有利于提高供应商参与绿色产品创新效能。这一研究结论与预期假设H9-6、H9-7、H9-8相一致。

(2)供应商RSI在“协作型供应商参与—社会化控制间适配”与供应商参与绿色产品创新效能间发挥部分中介作用(加入中介变量后$\beta=0.437$，$p<0.001$变为$\beta=0.349$，$p<0.001$)；供应商RSI在“咨询型供应商参与—互补双元控制适配”与供应商参与绿色产品创新效能间发挥部分中介作用(加入中介变量后$\beta=0.472$，$p<0.001$变为$\beta=0.261$，$p<0.001$)。上述研究结论与预期假设H9-9相一致，且进一步细化了该假设。

(3)“外包型供应商参与—正式化控制间适配”需要通过供应商 RSI 的桥梁作用才能提升供应商参与绿色产品创新效能，即供应商 RSI 在上述关系中发挥完全中介作用(加入中介变量后 $\beta=0.490$，$p<0.001$ 变为 $\beta=0.141$，不显著)。经分析认为，在外包型供应商参与的情境下，正式化控制的核心作用在于增加供应商对协同创新过程中风险可控程度的认知[230]。根据交易成本理论，风险可控是供应商 RSI 的必要前提，外包型供应商参与的正向作用也必须通过有效动员供应商 RSI(如专门的培训、设计和工艺改造等)[231]，才能确保通过供应商参与获得高度定制化的零部件、原材料或子系统。否则，由于外包型供应商参与的透明程度比较低，供应商参与很可能成为竞争对手“搭便车”的捷径，供应商参与绿色产品创新的实际价值将大幅减少。上述结论进一步细化了假设 H9-9 阐释的观点。

(4)基于实证研究的结果(H9-6、H9-7、H9-8 和 H9-9 得到验证)，在绿色产品协同创新的情境下，制造企业对供应商的正式化控制和社会化控制不存在绝对的互补或替代关系，上述关系随供应商参与模式的变化而变化。

第10章

研究结论

本章在对前期研究结果进行梳理的基础上，从供应商资源动员的视角提出供应商参与绿色产品创新效能的提升路径以及供应商参与时机和模式的权变作用机制，并指出上述结论的理论贡献，同时结合中国制造企业绿色产品创新的实际情况为企业管理实践提出九条针对性的对策建议。

10.1 供应商参与绿色产品创新效能的提升路径及实现机制

本研究采用质性-量化相结合的方法探明了供应商参与绿色产品创新效能的内容结构并开发了测量量表。在此基础上，面向制造企业提升供应商参与绿色产品创新效能的需求，依据社会资本理论、供应链治理理论、自然资源基础观理论、交易成本理论、社会交换理论和权力-依赖理论以及供应商开发的相关研究，通过理论探索和大样本实证统计分析的方法，重点揭示了供应商参与绿色产品创新过程中，制造企业通过相关管理行为优先获取供应商资源，从而提升供应商参与绿色产品创新效能的路径。同时，还探索了供应商参与时机和参与模式产生的权变作用，在此基础上揭示了确保上述路径能够达到预期目标的实现机制。具体结论如下。

1. 路径一：制造企业通过积累社会资本动员供应商资源并以此提升供应商参与绿色产品创新效能的路径

研究结果表明，制造企业积累制造商-供应商之间的社会资本，有助于制造企业优先获取供应商资源，从而达到提升供应商参与绿色产品创新效能的作用。但结构、关系和认知形式社会资本的具体作用机制却不尽相同。具体而言，制造商-供应商间结构和认知维度社会资本的积累有助于关系维度社会资本的增加；结构和关系维度的社会资本可以直接促使供应商授予制造企业优先客户地位，但认知维度的社会资本必须通过关系维度的社会资本才能对制造企业获取优先客户地位产生影响。制造企业获取供应商授予的优先客户地位，能够保证供应商参与产品创新中资源投放的速度、规模、质量以及针对性，进而起到提升供应商参与绿色产品创新效能的作用。因此，供应商参与绿色产品创新的情景下，制造企业应该注意与供应商积累特定形式的社会资本(例如信任)，才能通过供应商资源的优先获取提升供应商参与绿色产品创新效能。

揭示该路径的理论价值主要有以下两方面：首先，揭示了供应商参与绿色产品创新中，制造企业优先获取供应商资源与供应商参与绿色产品创新效能之间的关系。已有相关研究大都仅从绿色产品创新绩效和供应商创新性的视角出发，例如李勃和李随成的研究发现，通过制造企业主导的供应商整合激发供应商创新性[152]。本研究则基于供应商动员的视角发现通过获取供应商授予的优先客户地位，供应商面向制造企业绿色产品创新需求而配置资源的情况将得到明显改善，更加准确、及时和充分地获取供应商资源将使供应商参与绿色产品创新效能得到提升，该研究结论为绿色技术创新管理的研究提供了一种新思路。其次，揭示了供应商参与产品创新中，制造商-供应商之间的社会资本与优先获取供应商资源之间的关系。Pulles 等的研究认为，制造企业获取供应商优待的前提是制造企业对供应商有吸引力[92]，但并未指明如何构建对供应商的吸引力。本研究在此基础上发现，积累制造商-供应商之间的社会资本有助于制造企业优先获取供应商资源，并进一步探明了各维度社会资本的作用机制，弥补了已有研究的不足。此外，已有基于企业间社会资本的研究大都将结构、关系和认知三个维度分隔[148,153]，各维度间的相互作用关系并未被提及。本研究基于制造商-供应商关系情境，证明了结构维度、认知维度社会资本的增加对关系维度社会资本的积累具有积极作用，弥补了基于企业间社会资本理论研究的不足。

2. 路径二：制造企业通过增加供应商公平感知动员供应商绿色资源并以此提升供应商参与绿色产品创新效能的路径

研究结果表明，无论供应商是否依赖制造企业，绿色产品协同创新中制造商公平都能够通过供应商对制造企业的信任和关系承诺，使供应商面向协同创新的需求优先配置绿色资源，进而提升供应商参与绿色产品创新效能。但在供应商不对称依赖制造企业的情景下，存在四条具体路径表现出了明显的差异，具体包括：对于不对称依赖制造企业的供应商而言，制造商分配公平对供应商关系承诺的正向影响将被增强；对于不对称依赖制造企业的供应商而言，制造商可信对供应商关系承诺的正向影响将被减弱；对于不对称依赖制造企业的供应商而言，制造商可信对优先获取绿色创新资源的正向影响将被增强；对于不对称依赖制造企业的供应商而言，供应商关系承诺对优先获取绿色创新资源的正向影响将被减弱。因此，供应商参与绿色产品创新情景下，如果制造企业根据制造企业与特定供应商相互依赖关系的特征以及优先获取供应商资源的形式，对提升供应商的公平感知采取特定策略，更有利于企业通过供应商资源的优先获取提升供应商参与绿色产品创新效能。

揭示该路径的理论价值主要有：在明晰供应商参与绿色产品创新中制造商公平与供应商参与绿色产品创新效能之间关系的基础上，揭示了上述关系在供应商依赖、不依赖两种情境下的路径差异。相关研究探讨绿色产品协同创新中制造商权力对供应商参与贡献的影响，并提出了相关的权力策略，但并未从供应商关系治理的视角，探究供应商对双方关系的公平感知及其影响。本研究揭示了供应商参与绿色产品创新中制造商公平，通过供应商的态度和行为影响供应商参与绿色产品创新效能的路径。此外，尽管相关研究探讨了供应商依赖对其资源配置行为的影响，以及依赖对供应商创新性的影响[90]，但上述研究大都局限于供应商单方面的依赖，并未考虑供应链企业间大量存在的相互依赖关系。本研究在此基础上通过对比分析，揭示了供应商参与绿色产品创新中，由于供应商不对称依赖制造企业导致供应商态度和行为的变化，不仅拓展了企业间协同创新理论，还可以为不对称依赖关系中的协同创新研究提供方法借鉴。

3. 路径三：制造企业通过合理选择契约形式动员供应商绿色创新资源并以此提升供应商参与绿色产品创新效能的路径

研究结果表明，制造企业可以使用目标激励型契约促进供应商绿色创新资源优先配置，进而对供应商参与绿色产品创新效能产生正向影响，在适度范围内使用过程控制型契约也能通过同样的路径对供应商参与绿色产品创新效能产生正向影响，但需要控制在一定范围内，否则将产生完全相反的作用；供应商绿色创新资源优先获取在过程控制型契约/目标激励型契约与供应商参与绿色产品创新效能之间起中介作用；无论是高产品复杂性的情况，还是高技术新颖性的情况，目标激励型契约对优先获取供应商绿色创新资源的促进作用都会被增强；产品复杂性和技术新颖性均能对目标激励型契约—优先获取供应商绿色创新资源—供应商参与绿色产品创新效能这一组中介关系起正向调节作用；技术新颖性对过程控制型契约—优先获取供应商绿色创新资源—供应商参与绿色产品创新效能这一组中介关系起负向调节作用。因此，供应商参与绿色产品创新的情景下，如果制造企业能够根据绿色新产品的内在特征（如技术新颖性和产品复杂性）与供应商订立恰当形式的契约，有助于制造企业通过供应商资源的优先获取提升供应商参与绿色产品创新效能。

揭示该路径的理论价值主要有：从契约治理视角出发，考虑绿色新产品的复杂性和新颖性，探明了供应商参与绿色产品协同创新中契约形式与供应商参与效能之间的关系。首先，已有研究从非正式治理机制的视角对产品协同创新中供应商创新性的提升机制进行了探索[90,167]，但从正式治理机制的视角探析提升供应商参与效果的研究还比较罕见。本研究根据设计契约总体思路和出发点的差异，区分了过程控制型契约和目标激励型契约两种契约形式，探明了供应商参与绿色产品创新中两种不同契约形式影响及其差异。此外，Bai 等的研究表明，在协同创新中新产品的产品复杂性和技术新颖性与供应商的机会主义行为倾向以及组织间冲突的风险密切相关[116]。但是相关研究尚未就供应链协同创新中绿色新产品开发项目的内在特征提出差异化的供应商资源动员策略。在此基础上,针对供应商参与绿色产品创新的情景,基于契约治理视角提出了适配不同绿色产品协同创新项目的供应商资源动员机制。以上研究结论进一步丰富了供应链治理理论和企业间协同创新领域的研究。

4. 路径四:制造企业通过使用权力组合策略动员供应商绿色创新资源并以此提升供应商参与绿色产品创新效能的路径

供应商参与产品创新中,制造企业能够通过使用奖赏权实现供应商绿色创新资源的优先获取,进而提升绿色产品协同创新效能。制造企业使用惩罚权也能通过相同路径提升供应商参与绿色产品创新效能,但惩罚权的使用必须控制在适度的范围内,否则将产生完全相反的影响。制造企业同时对供应商使用奖赏权和惩罚权,即采取"胡萝卜加大棒"的激励方式,并不能放大制造企业使用奖赏权所产生的正向影响。当企业使用奖赏权时,无论制造企业掌握专家权、感召权或法定权,均能放大奖赏权对制造企业优先获取供应商绿色创新资源的正向作用;当企业使用惩罚权时,如果制造企业拥有较大的专家权,制造企业使用惩罚权对优先获取供应商绿色创新资源的负面作用将被延缓并缩小;当制造企业掌握较大感召权时,制造企业使用惩罚权对优先获取供应商绿色创新资源的负面作用将被提前并放大;当制造企业掌握较大法定权时,制造企业使用惩罚权对优先获取供应商绿色创新资源的负面作用被延缓并缩小。因此,供应商参与产品创新的情景下,如果制造企业能够根据实际情况采取恰当的权力组合策略,将有利于通过供应商绿色创新资源的优先获取,达到提升供应商参与绿色产品创新效能的效果。

揭示该路径的理论价值主要有:揭示了单独或组合使用不同类型权力对制造企业优先获取供应商绿色创新资源的影响,并提出能够提高供应商参与绿色产品创新效能的权力组合策略。国外有关供应商资源动员的研究已就权力对供应商的影响进行了探讨,认为奖赏权和惩罚权的使用效果完全相反[36]。本研究发现,该结论并不适用于制造业上下游企业间的绿色产品创新协同,制造企业如能将惩罚保持在适度范围内,会产生类似于奖赏权的正面影响。此外,虽然霍宝锋等的研究中涉及了制造企业媒介权力和非媒介权力对供应商关系承诺的影响,但却仅探讨了供应商非媒介权力对制造企业关系承诺的直接作用,且绝大部分有关非媒介权力的假设均未通过检验[130]。本研究进一步探讨了制造企业非媒介权力的调节作用,发现当制造企业使用奖赏权动员供应商的资源时,无论制造企业具有何种非媒介权力,都能放大制造企业奖赏权的影响,但当制造企业使用惩罚权动员供应商的资源时,三种非媒介权力的调节作用却存在明显差异。以上研究结论进一步丰富和拓展了有关供应链权力策略领域的研究。

5. 路径五：制造企业通过绿色供应商开发动员供应商资源并以此提升供应商参与绿色产品创新效能的路径

供应商参与绿色产品创新中，制造企业通过绿色供应商开发优先获取供应商资源，进而达到提升供应商参与绿色产品创新效能的目标，具体发现：供应商参与绿色产品创新中，制造企业采取直接绿色供应商开发或间接绿色供应商开发均能通过优先获取供应商资源，对供应商参与绿色产品创新效能产生显著正向影响。但制造企业不能同时对供应商实施直接绿色供应商开发和间接绿色供应商开发，否则将抵消供应商开发所能产生的积极作用；供应商组织兼容程度越高，直接和间接绿色供应商开发对优先获取供应商资源的正向作用越大。相对直接绿色供应商开发而言，供应商组织兼容对增加间接绿色供应商开发正向作用的影响较弱；供应商组织互补程度越高，直接绿色供应商开发对供应商参与绿色产品创新效能的正向作用越大，但并不能增加间接供应商开发对优先获取供应商资源的正向作用。因此，供应商参与绿色产品创新的情景下，如果制造企业能够根据组织适配情况采用正确的绿色供应商开发策略，有助于通过供应商资源的优先获取激发供应商参与效能。

揭示该路径的理论价值主要有：本研究探明了供应商参与绿色产品创新中能够提升绿色产品协同创新效能的绿色供应商开发机制。已有研究对供应商开发进行了探讨，并指出制造企业通过供应商开发能有效提升供应商绩效[139]。本研究在此基础发现，供应商参与绿色产品创新中制造企业可以通过直接和间接绿色供应商开发的合理使用优先获取供应商资源，进而提升绿色产品协同创新效能。此外，已有研究发现制造商-供应商产品创新协同中组织兼容作为组织匹配重要维度之一，能够直接正向影响产品创新绩效[143]。本研究在此基础上进一步发现，供应商组织兼容和互补对于双方绿色产品创新协同存在调节作用，而且根据协同创新中制造企业对供应商所采取的具体管理形式，组织兼容和组织互补的调节作用还存在明显差异。以上研究结论进一步丰富了供应链治理理论和企业间协同创新领域的研究。

6. 考虑供应商参与时机权变作用的供应商参与绿色产品创新效能提升机制

本研究揭示了供应商参与时机对环境可持续导向与供应商参与绿色产品创新效能之间的关系产生权变作用。具体而言，通过供应商早期参与绿色产品创新能够放大环境可持续导向对供应商参与绿色产品创新效能的正向影响；但是在供应商深入参与绿色产品创新的情况下，制造企业需要适度控制供应商深入参与的程度，因为过度的相互适应也会造成创新过程的“路径依赖”和灵活性缺失，影响绿色新产品市场目标的达成。供应商参与绿色产品创新对“环境可持续导向—供应商参与绿色产品创新间关系”的调节作用受到契约结构特征的影响。环境可持续导向下，面向供应商早期参与的契约应具有绩效评价详尽而责任界定不详尽的特征，双方订立具有上述结构特征的契约有助于供应商早期参与达到更理想的效果；面向供应商深入参与的契约应具有责任界定和激励措施详尽而绩效评价不详尽的特征，双方订立具有上述结构特征的契约有助于供应商深入参与达到更理想的效果。因此，供应商参与绿色产品创新的情景下，如果制造企业能够根据供应商参与时机的具体需要设计适当的契约结构，有助于进一步提升企业的环境可持续导向对供应商参与绿色产品创新效能的正向作用。也就是说，通过上述实现机制，能够促使制造企业在各种供应商参与时机下达到供应商参与的预期效果。

揭示供应商参与时机权变作用的理论价值主要有：本研究在探明环境可持续导向与供应商参与绿色产品创新效能之间关系的基础上，揭示供应商参与方式与协同任务契约结构特征对上述关系的联合调节作用，进而提出面向制造企业绿色产品创新的供应商治理策略。尽管相关研究探索了企业整合外部资源对绿色产品创新的影响机理[22]，以及能够促进绿色产品创新取得成功的内部资源整合机制[139]，企业内部和外部供应商资源整合之间关系的探究也仅局限于相关关系范畴[22]。本研究探讨了两种企业外部供应商整合方式与企业自身环境可持续导向之间的交互作用，以及上述交互作用对供应商参与绿色产品创新效能的影响，拓展了企业绿色技术创新理论。此外，供应商参与有助于企业绿色产品创新已经得到证明，但参与效果仍然存在较大的不确定性[28]。恰当的契约治理能够抑制供应商机会主义行为，使供应商参与达到预期效果[193]，但尚未明确指出面向不同供应商参与方式，恰当契约治理形式的具体表现。在此基础上，本研究提出了环境可持续导向下分别适合供应商早期参与和深入参与的契约结构特征，为企业间协同创新研究的深入做出了一定贡献。

7. 考虑供应商参与模式权变作用的供应商参与绿色产品创新效能提升机制

本研究揭示了供应商参与模式对供应商治理与供应商参与绿色产品创新效能之间关系产生权变作用。研究结果表明，供应商参与模式—供应商治理形式适配能够使供应商参与绿色产品创新更有效。具体而言：外包型供应商参与和正式化控制适配，协作型供应商参与和社会化控制适配，咨询型供应商参与和互补双元控制适配，若能形成上述适配关系更有利于提高供应商参与绿色产品创新效能。此外，供应商 RSI 在“协作型供应商参与—社会化控制间适配”与供应商参与绿色产品创新效能间发挥部分中介作用；供应商 RSI 在“咨询型供应商参与—互补双元控制适配”与供应商参与绿色产品创新效能间发挥部分中介作用。“外包型供应商参与—正式化控制间适配”需要通过供应商 RSI 的桥梁作用才能提升供应商参与绿色产品创新效能，即供应商 RSI 在上述关系中发挥完全中介作用。基于实证研究的结果可知，在绿色产品协同创新的情境下，制造企业对供应商的正式化控制和社会化控制不存在绝对的互补或替代关系，上述关系随供应商参与模式的变化而变化。因此，供应商参与绿色产品创新的情境下，如果制造企业能够根据不同的供应商参与模式采用相适配的供应商治理形式，能够更有效地提高绿色产品协同创新效能，并且也有助于促使供应商进行关系专用性资产投入，进而提高绿色产品协同创新效能。也就是说，通过上述实现机制，能够促使制造企业在各种供应商参与模式下达到供应商参与的预期效果。

揭示供应商参与时机权变作用的理论价值主要有：以提升供应商关系治理效果为目标，揭示了供应商参与模式与供应商治理形式之间的适配关系，丰富了企业间协同创新领域的研究。已有研究仅对供应商关系治理与协同创新绩效之间的关系进行了论证[202,225]，如何开展供应商关系治理才能达到更好的效果，相关理论仍未阐明。本研究以供应商参与模式和供应商治理形式的微观构成作为切入点，探明了供应商参与模式与供应商治理形式之间适配的多种配置，不仅能够回应有关不同供应商治理形式之间关系的争论[83,206]，同时从关系治理效果的角度，进一步拓展了企业间协同创新理论。此外，将供应商 RSI 作为中介变量引入"供应商参与模式×治理形式—供应商参与绿色产品创新效能"的适配作用路径中，明确了使供应商参与绿色产品创新更有效的过程机制。已有研究发现，恰当供应商关系治理有助于动员供应商 RSI 优先获取供应商资源，能够提升供应商参与绿色产品创新效能[65,216]，但相关研究未进一步论证供应商 RSI 在供应商参与绿色产品创新中的作用，以及能够有效动员供应商 RSI 的机制。在此基础上，本研究揭示了能够促使供应商 RSI 的"供应商参与模式—治理形式适配关系"，对比分析了供应商 RSI 对主效应路径所产生的不同桥梁作用，丰富了供应商动员理论和绿色技术创新管理的研究。

10.2 供应商参与绿色产品创新效能的提升策略

本研究探明了供应商参与绿色产品创新中，制造企业通过积累社会资本、公平、契约选择、权力策略、供应商开发优先获取供应商资源，进而提升绿色产品协同创新效能的路径，同时还探明了供应商参与时机和参与模式对供应商参与效果产生的权变作用，提出有关制造企业充分利用上述权变因素的效能提升机制。在以上研究结论的基础上，结合中国制造企业管理实践，具体提出包括以下九个方面的效能提升策略。

1. 制造企业需正确积累与供应商之间的社会资本，使企业能够优先获取供应商的资源，进而提升供应商参与绿色产品创新效能

具体而言：①制造企业社会资本积累的重点应放在增加与其核心供应商在多个层面的正式化交流上，开展包括对双方合作重点以及合作模式等方面沟通，从而建立彼此认同的团队协作规范，为协同任务的顺利推进提供规范和专业的保障；②应设法与供应商开展基于正式渠道的交流（例如实现彼此间管理信息系统对接或建立能够彼此兼容的信息系统），并且与供应商经常就重大议题进行开诚布公的沟通，以此积累结构社会资本；③为了积累关系社会资本，制造企业应该与供应商在商业和个人层面上均保持相互信任，在进行决策时均能考虑到核心供应商的利益，并尽可能地为核心供应商提供便利和帮助，例如制造企业在与其供应商合作的过程中，适当放宽对供应商供货质量的检查，在为供应商提供便利的同时也能够大大消减交易成本；④尽可能在与供应商确定产品生产成本时增加透明度，即彼此了解对方生产过程中成本结构的相关部分，以此获得供应商的信任；⑤在上述措施的基础上，为了更进一步地争取优先获取供应商资源，制造企业还应该及时掌握核心供应商的奋斗目标和发展愿景，适当调整企业对待合作关系的观念、态度、企业文化和价值观，尽量不与核心供应商发生上述范畴的冲突，以此积累制造企业与核心供应商之间结构维度的社会资本。

2. 制造企业应公平对待供应商并考虑不对称依赖关系的影响，使企业能够优先获取供应商资源，进而提升供应商参与绿色产品创新效能

针对制造企业而言，具体对策建议如下：①制造企业在推行供应商参与绿色产品创新的实践中应设法通过公平对待供应商提升供应商的公平感知；②面对不对称依赖制造企业的供应商，制造企业应重点采用能够强化供应商分配公平感知的关系治理机制，例如企业可以对核心供应商采取股权激励措施来促使供应商提升分配公平感知，在此基础上使供应商为制造企业的绿色产品创新做出更大贡献；③制造企业应重点关注绿色产品协同创新项目所缺资源的类型，如果需要供应商投入更多设备设施、零部件和稀缺原料等实物资源，应采取能够提升供应商分配公平感知的措施，例如签订长期供货合同并包含奖励条款，以此降低供应商面向绿色产品协同创新配置专业性资源的不确定性，增强供应商面向企业投入更多专用性实物资产的意愿；④如果制造企业需使用供应商的绿色技术专利、知识和创意等创新资源，不仅需要设法提升供应商的公平感知，还应扭转供应商对双方关系不对称性的认识，特别是当供应商已经明显表现出对关系的长期导向定位时，制造企业可以与该供应商签订战略联盟协议，加大相关零部件或原材料在该供应商处的采购集中度，以此改变供应商对双方不对称依赖关系的感知。

3. 制造企业应根据绿色产品协同创新任务的内在特征选择契约形式，使企业能够优先获取供应商资源，并以此提升供应商参与绿色产品创新效能

具体而言：①面对产品复杂性和技术新颖性都低的绿色产品协同创新任务时，制造企业应该以目标激励作为契约设计的整体出发点，在契约中对合作伙伴绩效目标以及相应的奖励措施进行明确阐释，突出结果导向，当供应商完成或部分完成绩效目标，在契约中应当体现制造企业能够给予供应商何种形式和规模的奖励，与此同时适当控制契约中有关过程控制的条款，减少对协同任务推进过程中有关双方行为及权责划分过于详细的条款，尽量减少那些约束供应商在绿色产品协同创新中行为的条款。②当绿色新产品的复杂性高，但技术新颖性较低的情况下，与第一种情况类似，制造企业应重视在契约中增加用于目标激励的条款，以此应对制造企业对复杂产品的知识局限，但如果双方研发实力都比较强，在增加目标激励条款的基础上，还可以通过增加有关过程控制的条款提升绿色新产品开发的可预测性；③在新产品技术新颖性高，但复杂性较低的情况下，制造企业应尽量控制在契约中有关过程控制型条款的规模，以此减少对供应商协同行为的干扰和约束；④面对产品复杂性和技术新颖性都高的绿色新产品开发项目时，制造企业需要将契约设计为典型的目标激励型契约，在契约中明确对供应商的激励措施和奖励形式，并认真核实契约中有关过程控制的条款是否必要，尽量压缩有关过程控制的条款，以此最大程度减少对供应商的约束。

4. 制造企业应根据自身情况对供应商采取恰当的权力组合策略，使企业能够优先获取供应商资源，进而提升供应商参与绿色产品创新效能

在激烈的竞争中，创新是企业长期战略目标，如何获得供应商绿色创新资源的优先配置则是协同创新的重点。为了达成这一目标，制造企业应根据供应商对自身非媒介权力（专家权、认同权和法定权）的认识，正确使用媒介权力（奖赏权和惩罚权）动员供应商的绿色创新资源，具体如下：①奖赏权和惩罚权的使用效果并不总是相反，制造企业可以根据实际情况选择使用，但最好以奖赏权的使用为主。企业使用奖赏权能够促进供应商向企业优先配置资源的积极性，加强供应商对长期合作的信心，从而促使供应商付出更多资源，促进供应商参与绿色产品创新效能的提升；②如果必须要使用惩罚权，应对惩罚权的使用强度进行控制，以免造成负面影响，这是因为使用惩罚权时，虽然一定程度上能够对供应商的行为进行约束，但一旦使用不当，激发了供应商的负面行为，将导致“两败俱伤”的局面；③混合使用奖赏权和惩罚权的效果未必更好，“胡萝卜加大棒”的权力组合策略并不一定适用于所有企业间的合作中，达成双赢是制造企业与供应商最期望的合作结果，“胡萝卜”的策略一时能够吸引供应商，但如果供应商无法对制造企业形成依赖，或制造企业缺乏对供应商恰当的制约手段，则不一定能达到预期效果，而“大棒”的策略往往只能导致供应商的逃离；④当制造企业掌握较高的媒介权力时，应尽可能多地使用奖赏权，对于媒介权力以认同权为主的制造企业，供应商对制造企业的媒介权力主要体现在供应商对企业能力、愿景、影响力和声誉等方面的认可，应当尽量避免在权力组合中引入惩罚权。

5. 制造企业应根据与供应商的组织适配情况恰当使用绿色供应商开发策略，使企业能够优先获取供应商资源，进而提升供应商参与绿色产品创新效能

在供应商与制造企业开展协同创新的过程中，供应商资源的优先获取是制造企业关注的重点。在确定了供应商后，制造企业应根据双方的组织适配情况，选择合适的绿色供应商开发方式，以提升供应商的专业技术能力，换取供应商向制造企业配置更优异资源的意愿，从而最大化供应商参与绿色产品创新的价值。具体如下：①当制造企业核心供应商的组织适配以兼容为主时，双方的管理信息系统相互兼容，供应商的技术设备能够与制造企业直接对接，企业可以根据实际情况，采取向供应商派遣专业技术人员提供现场咨询、投放专业的生产设备等直接供应商开发方式，或是定期进行供应商评估并就评价结果进行反馈等间接供应商开发方式，同等情况下优先考虑直接绿色供应商开发；②当核心供应商的组织适配以互补为主时，双方的核心业务存在差异，供应商的技术资源等与制造企业的具有异质性，由于直接和间接绿色供应商开发不能同时使用，制造企业最好采用直接绿色供应商开发，直接对供应商的技术人员进行培训，使其熟悉协同创新的任务流程和目标，从而获得供应商参与绿色产品创新效能的提升。

6. 整体而言，制造企业应在坚持环境可持续导向的前提下，根据实际情况有侧重地推进供应商参与，以此增加环境可持续导向对绿色产品协同创新积极作用

具体而言，制造企业需要根据自身需要、资源禀赋和行业环境等因素，在供应商早期参与和深入参与之间进行侧重程度不同的选择。①如果企业属于知识密集型企业或是对产品的创新性需求较高时，可以更多采取供应商早期参与的方式，让供应商尽快参与到产品创新过程中，尽早地集成双方的创意、知识和技术；②如果企业属于资本、劳动密集型产业或是需要完成产品的生产制造时，可以更多采用供应商深入参与的方式，在正式化、结构化阶段，利用供应商的专业化设备和生产线，推进新产品的全面生产；③需要特别注意的是，为了避免未来与供应商关系的僵化，制造企业在总体上需要适当控制供应商深入参与的程度，即理性对待供应商为适应制造企业绿色创新需求而大量开发专用于新产品的模具、大量投资专用于该新产品组件生产的新设备、大量投入资金购买专用于该绿色新产品的生产线等行为，不应为此做出长期合作关系承诺，避免供应商在未来的协同任务中出现消极对待技术转轨，拒绝更新或升级产品制造工艺的问题。

7. 整体而言，对于早期参与和深入参与两种供应商参与时机，制造企业还需要匹配具有不同结构特征的契约，以此提升供应商参与绿色产品创新效能

具体而言：①在供应商早期参与绿色产品创新情况下，制造企业应该与供应商制定绩效评价详尽而责任界定不详尽的契约，例如契约中已经详细制定了关于产品需要达到的碳排放标准条款，就应该减少有关约束供应商行为准则的条款，给予供应商充分的自主空间，使得供应商自身的创意和技术得到有效发挥，形成更具市场竞争力的绿色新产品；②在供应商深入参与绿色产品创新情况下，制造企业应设法与供应商订立责任界定与激励措施比较详尽，而绩效评价不太详尽的契约，例如，应该在契约中详细规定供应商需要承担的协同创新任务明细条款，明确阐释根据各项协同任务目标达成情况的相应奖励措施，同时减少有关严格约束供应商成本控制、交付时间明细的条款，这样既能够有效划分权责归属，约束供应商的行为，又不会因为责任划分过重，使供应商拒绝完成协同合作任务，导致绿色产品创新项目的失败。

8. 对于具体绿色产品协同创新项目，制造企业需要根据供应商参与模式的差异，主动匹配合适的供应商关系治理形式，以此提升供应商参与绿色产品创新效能

正式化和社会化控制都能对供应商行为的控制产生积极作用，但为了节约控制供应商的成本并提高供应商参与绿色产品创新效能，针对企业而言具体对策如下：①在外包型供应商参与为主的情况下，企业管理者应该重点使用正式化控制，体现为对于供应商按照制造企业提出的具体产品需求主导完成绿色产品创新的模式下，制造企业可以制定对双方行为以及权责划分十分详细的条款，从而明确双方责任及控制风险；②在协作型供应商参与为主的情况下，企业管理者应该重点使用社会化控制，体现为对于供应商与制造企业共同创造绿色新产品的模式下，双方在互信的基础上，开放共享相关知识，减少协同创新过程中的认知差异，联合决策，从而形成良好的互动氛围；③在咨询型供应商参与为主的情况下，企业管理者应两种治理形式并重使用，体现为对于制造企业向供应商咨询有关绿色产品创新的专业技术知识、研发资源、创新建议等进而实现绿色产品创新的模式下，企业管理者不仅需要制定详细的且具备强制力的契约对双方权力、责任、利益以及未来目标进行充分说明，使双方产生事前理性认知，减少双方协作过程中出现的分歧，还需要建立双方的信任、理解、承诺以及双方共同的合作愿景，进而激发供应商主动分享关键技术资源的意愿，制造企业可以因此及时充分地获取供应商的绿色技术资源。

9. 对于具体绿色产品协同创新项目，制造企业应注意通过恰当治理形式促进供应商开展专门性的适应，以此提升供应商参与绿色产品创新效能

具体而言：①制造企业应该综合考虑供应商关系的正式化和社会化治理机制，促使供应商充分适应企业的绿色产品创新项目，动员供应商投入更多关系专用性资产（例如供应商在更换生产设备、系统、员工培训等方面的投入），把供应商的专有知识与技术用于企业的绿色产品创新上，从而使得供应商提供高度定制化的产品，以此使制造企业的绿色新产品能够获得持续性的市场竞争力。②制造企业还应关注供应商 RSI 在供应商参与模式—治理形式适配关系中差异化的桥梁作用，对于外包型供应商参与绿色产品创新项目，需要对正式化控制进行有针对性的设计，确保供应商能够充分投入关系专用性资产，从而保障供应商参与绿色产品创新能够达到预期效果。例如，制造企业将绿色产品创新项目外包给供应商，为了保障合作双方的权益并降低供应商感知关系风险等，制造企业可以与该供应商签订保密协议，并在双方签订的契约中对如何控制风险以及利益分配方式等进行详细说明，从而使得供应商愿意投入关系专用性资产，进而保障供应商的参与效果。

10.3 研究不足与展望

10.3.1 研究局限

具体而言，本研究存在以下四点的局限：①由于研究过程中被调研企业大都将其主要供应商名单视为商业机密，获取制造商-供应商配对数据困难较大，仅采用供应商单方面的数据刻画制造商-供应商关系存在一定缺陷。②受限于国内企业绿色产品创新的成熟度和研究团队的社会影响力，本研究收集的数据没能完全覆盖整个制造业，且样本回收率偏低，在一定程度上影响了研究结论的效度。③长期合作关系样本的不足导致关系依赖程度略低，可能在一定程度上影响研究结论。④研究通过静态问卷调查获取横截面数据，可能存在主观因素的影响。

10.3.2 未来研究展望

未来研究可以关注以下七个方向：①在后续研究中通过更加巧妙的研究设计，在保证样本采集随机性的前提下，提高样本回收率，通过配对样本数据对本研究结论进行进一步的验证。②以供应商单方面的数据判断供应商是否处于不对称依赖制造企业的情境，对本研究所提研究问题尚可，但该研究方案对相关研究问题的适用性不高，希望后续研究能够优化研究设计，提出收集配对数据的可行方案。③对于契约形式的划分还存在多种标准，除了根据契约的整体设计思路进行划分，还可以根据契约功能划分契约类型，后续研究可以尝试在此有所突破。④本研究发现了惩罚权的使用效果与国外相关研究存在差异，后续研究可在同时收集国内外企业数据的基础上，基于本研究提供的线索，系统性地开展中西方的对比研究。⑤本研究虽然回收了制造业多个行业的数据，但并未对行业进行聚类分析，未来基于特定行业样本数据开展的研究一定可以使研究结论得到拓展。⑥企业文化（如契约精神）、管理惯例和制度环境可能也会影响企业在绿色产品协同创新过程中的行为，期待有条件的团队通过国外数据的收集与本研究提出的结论进行对比分析。⑦本研究仅探讨了三种供应商参与各自适配的供应商治理形式，未能针对企业同时采用多种供应商参与的复杂情境进行深入分析，后续研究可对其进行拓展。

参考文献

[1] MELANDER L. Achieving sustainable development by collaborating in green product innovation[J]. Business strategy and the environment, 2017, 26(8): 1095 - 1109.

[2] LAURSEN L N, ANDERSEN P H. Supplier involvement in NPD: a quasi-experiment at Unilever[J]. Industrial Marketing Management, 2016, 58: 162 - 171.

[3] ARFI W B, HIKKEROVA L, SAHUT J M. External knowledge sources, green innovation and performance[J]. Technological Forecasting and Social Change, 2018, 129: 210 - 220.

[4] BARBIERI N, MARZUCCHI A, RIZZO U. Knowledge sources and impacts on subsequent inventions: Do green technologies differ from non-green ones? [J]. Research Policy, 2020, 49(2): 103 - 901.

[5] DE MARCHI V. Environmental innovation and R&D cooperation: empirical evidence from Spanish manufacturing firms[J]. Research policy, 2012, 41 (3): 614 - 623.

[6] 王丽杰,郑艳丽.绿色供应链管理中对供应商激励机制的构建研究[J].管理世界,2014(8):184 - 185.

[7] PULLES N J, VELDMAN J, SCHIELE H. Winning the competition for supplier resources: the role of preferential resource allocation from suppliers [J]. International Journal of Operations & Production Management,2016, 36 (11):1458 - 1481.

[8] BEMELMANS J, VOORDIJK H, VOS B. Antecedents and benefits of obtaining preferred customer status[J]. International Journal of Operations & Production Management, 2015, 35(2):178 - 200.

[9] OLSON E L. The green innovation value chain: a tool for evaluating the diffusion prospects of green products[J]. Journal of Product Innovation Management, 2013, 30(4):782 - 793.

[10] DANGELICO R M. Green product innovation: where we are and where we are going[J]. Business Strategy and the Environment, 2016, 25(8):560 - 579.

[11] CHANG C H. The Determinants of green product innovation performance [J]. Corporate Social Responsibility & Environmental Management, 2016, 23(2):65-76.

[12] DANGELICO R M, PUJARI D, PONTRANDOLFO P. Green product innovation in manufacturing firms: a sustainability oriented dynamic capability perspective[J]. Business Strategy & the Environment, 2017a, 26(4):490-506.

[13] DE MEDEIROS J F, VIDOR G, RIBEIRO J L D. Driving factors for the success of the green innovation market: a relationship system proposal[J]. Journal of Business Ethics, 2018, 147(2): 327-341.

[14] CHIOU T Y, CHAN H K, LETTICE F. The influence of greening the suppliers and green innovation on environmental performance and competitive advantage in Taiwan [J]. Transportation Research Part E, 2011, 47(6):822-836.

[15] HUANG J W, LI Y H. Green innovation and performance: the view of organizational capability and social reciprocity [J]. Journal of Business Ethics, 2017, 145(2): 309-324.

[16] Wu G C. The influence of green supply chain integration and environmental uncertainty on green innovation in Taiwan's IT industry[J]. Supply Chain Management: An International Journal, 2013, 18(5):539-552.

[17] Li Y H , HUANG J W . The moderating role of relational bonding in green supply chain practices and performance[J]. Journal of Purchasing & supply Management, 2017, 23(4):290-299.

[18] BEERS C, ZAND F. R&D cooperation, partner diversity, and innovation performance: an empirical analysis [J]. Journal of Product Innovation Management, 2014,31(2):292-312.

[19] CHENG C C. Sustainability orientation, green supplier involvement, and green innovation performance: evidence from diversifying green entrants [J]. Journal of Business Ethics, 2020, 161(2): 1-22.

[20] DAI J, CANTOR D E, MONTABON F L. How environmental management competitive pressure affects a focal firm's environmental innovation activities: a green supply chain perspective[J]. Journal of Business Logistics, 2015, 36(3):242-259.

[21] LEE K H, KIM J W. Integrating suppliers into green product innovation development: an empirical case study in the semiconductor industry [J]. Business Strategy and the Environment, 2011, 20(8):527-538.

[22] HOFMAN P S, BLOME C, SCHLEPER M C, et al. Supply chain collaboration and eco-innovations: an institutional perspective from China [J]. Business Strategy and the Environment, 2020, 29(6): 2734 - 2754.

[23] TJAHJONO B, CAO D. Advancing bioplastic packaging products through co-innovation: a conceptual framework for supplier-customer collaboration [J]. Journal of Cleaner Production, 2020, 252: 790 - 861.

[24] MELANDER L. Customer and supplier collaboration in green product innovation: external and internal capabilities[J]. Business Strategy and the Environment, 2018, 27(6): 677 - 693.

[25] SUURMOND R, WYNSTRA F, DUL J. Unraveling the dimensions of supplier involvement and their effects on NPD performance: a meta-analysis [J]. Journal of Supply Chain Management, 2020, 56(3): 26 - 46.

[26] WAGNER S M. Tapping supplier innovation[J]. Journal of Supply Chain Management, 2012, 48(2): 37 - 52.

[27] WYNSTRA F, ANDERSON J C, NARUS J A, et al. Supplier development responsibility and NPD project outcomes: the roles of monetary quantification of differences and supporting-detail gathering [J]. Journal of Product Innovation Management, 2012, 29: 103 - 123.

[28] HELD M, WEIDMANN D, KAMMERL D, et al. Current challenges for sustainable product development in the German automotive sector: a survey based status assessment[J]. Journal of cleaner production, 2018, 195: 869 - 889.

[29] PETERSEN K J, HANDFIELD R B, RAGATZ G L. Supplier integration into new product development: coordinating product, process and supply chain design[J]. Journal of operations management, 2005, 23(3 - 4): 371 - 388.

[30] LE DAIN M A, MERMINOD V. A knowledge sharing framework for black, grey and white box supplier configurations in new product development[J]. Technovation, 2014, 34(11): 688 - 701.

[31] ZHANG Q, PAN J, FENG T. Green supplier integration and environmental performance: do environmental innovation and ambidextrous governance matter? [J]. International Journal of Physical Distribution & Logistics Management, 2020,50(7 - 8):693 - 719.

[32] TJAHJONO B, CAO D. Advancing bioplastic packaging products through co-innovation: a conceptual framework for supplier-customer collaboration [J]. Journal of Cleaner Production, 2020, 252: 119 - 861.

[33] ELLEGAARD C, KOCH C. The effects of low internal integration between

purchasing and operations on suppliers' resource mobilization[J]. Journal of Purchasing and Supply Management , 2012, 18(3):148 - 158.

[34] WAGNER S M, BODE C. Supplier relationship-specific investments and the role of safeguards for supplier innovation sharing [J]. Journal of Operations Management, 2014, 32(3):65 - 78.

[35] HÜTTINGER L, SCHIELE H, SCHRÖER D. Exploring the antecedents of preferential customer treatment by suppliers: a mixed methods approach [J]. Supply Chain Management :An International Journal, 2014, 19(5/6): 697 - 721.

[36] PULLES N J, VELDMAN J, SCHIELE H. Pressure or pamper? the effects of power and trust dimensions on supplier resource allocation[J]. Journal of Supply Chain Management, 2014, 50(3):16 - 36.

[37] VOS F G S, SCHIELE H, HUTTINGER L. Supplier satisfaction: explanation and out-of-sample prediction[J]. Journal of Business Research, 2016, 69(10):4613 - 4623.

[38] YAN T, YANG S, DOOLEY K. A theory of supplier network-based innovation value[J]. Journal of Purchasing & Supply Management, 2017, 23(3):153 - 162.

[39] CARNOVALE S, YENIYURT S, ROGERS D S. Network connectedness in vertical and horizontal manufacturing joint venture formations: a power perspective[J]. Journal of Purchasing & Supply Management, 2017, 23 (2):67 - 81.

[40] 党兴华,肖瑶. 基于跨层级视角的创新网络治理机理研究[J]. 科学学研究, 2015, 33(12):1894 - 1908.

[41] 白鸥,魏江. 技术型与专业型服务业创新网络治理机制研究[J]. 科研管理, 2016, 37(1):11 - 19.

[42] 陈文婕,曾德明,陈雄先. 丰田低碳汽车技术合作创新网络图谱分析[J]. 科研管理, 2015, 36(2):1 - 10.

[43] KIM Y, CHOI T Y, YAN T, et al. Structural investigation of supply networks: a social network analysis approach[J]. Journal of Operations Management, 2011, 29(3): 194 - 211.

[44] 李随成,李勃,张延涛. 供应商创新性、网络能力对制造企业产品创新的影响:供应商网络结构的调节作用[J]. 科研管理, 2013, 34(11):103 - 113.

[45] 李广培,李艳歌,全佳敏. 环境规制、R&D 投入与企业绿色技术创新能力[J]. 科学学与科学技术管理,2018,39(11):61 - 73.

[46] 张韵,钟书华. 强化企业生态创新能力,推动企业绿色转型[J]. 当代经济管

理,2016,38(4):21-26.

[47] 曹慧,石宝峰,赵凯.我国省级绿色创新能力评价及实证[J].管理学报,2016,13(08):1215-1222.

[48] 戴万亮,路文玲.环保舆论压力对制造企业绿色创新能力的影响:领导环保意识与组织绿色学习的链式中介效应[J].科技进步与对策,2020,37(9):131-137.

[49] HART, S L. A natural resource-based view of the firm[J]. Academy of Management Review, 1995, 20 (5): 986-1014.

[50] 刘慧,陈光.企业绿色技术创新:一种科学发展观[J].科学学与科学技术管理, 2004(8):82-85.

[51] 李广培,全佳敏.绿色技术创新能力的影响因素与形成研究综述[J].物流工程与管理,2015,37(11):251-256.

[52] PETERSEN K J, HANDFIELD R B, RAGATZ G L. Supplier integration into new product development: coordinating product, process and supply chain design[J]. Journal of operations management, 2005, 23(3-4): 371-388.

[53] 李随成,姜银浩.供应商参与 NPD 与企业自主创新能力的关系机理研究[J].科研管理, 2011, 32(2):28-36.

[54] YAN T, NAIR A. Structuring supplier involvement in new product development: a China-U.S. study[J]. Decision Sciences, 2016, 47(4): 589-627.

[55] JEAN R J, SINKOVICS R R, HIEBAUM T P. The effects of supplier involvement and knowledge protection on product innovation in customer-supplier relationships: a study of global automotive suppliers in China[J]. Journal Of Product Innovation Management, 2014, 31(1): 98-113.

[56] 李勃,和征,李随成.供应商参与绿色产品创新中的权力组合策略研究:基于资源动员视角[J].研究与发展管理, 2020, 32(4) :61-74.

[57] KRAPFEL R E, SALMOND D, SPEKMAN R. A strategic approach to managing buyer-seller relationships[J]. European Journal of Marketing, 1991, 25(9):22-37.

[58] SCHIELE H, CALVI R, GIBBERT M. Customer attractiveness, supplier satisfaction and preferred customer status: introduction, definitions and an overarching framework[J]. Industrial marketing management, 2012, 41(8): 1178-1185.

[59] GLAS A H. The impact of procurement on supplier satisfaction: service, communication, and speed[J]. International Journal of Integrated Supply Management, 2018, 12(1-2): 90-117.

[60] PRAKASH G, 2011. Service quality in supply chain: empirical evidence from

Indian automotive industry[J]. Supply Chain Management. 16, 362 - 378.

[61] PATRUCCO A S, LUZZINI D, MORETTO A, et al. Attraction in buyer-supplier relationships: improving supply network performance through purchasing recognition and proficient collaboration initiatives[J]. Business Process Management Journal, 2019,25(2):347 - 367.

[62] HUTTINGER L, SCHIELE H, VELDMAN J. The drivers of customer attractiveness, supplier satisfaction and preferred customer status: a literature review [J]. Industrial marketing management, 2012, 41(8): 1194 - 1205.

[63] BEMELMANS J, VOORDIJK H, Vos B, et al. Antecedents and benefits of obtaining preferred customer status: experiences from the Dutch construction industry[J]. International journal of operations & production management, 2015,35(2),178 - 200.

[64] RAMSAY J, WAGNER B A. Organisational supplying behaviour: understanding supplier needs, wants and preferences[J]. Journal of purchasing and supply management, 2009, 15(2): 127 - 138.

[65] CLAUSS T, BOUNCKEN R B. Social power as an antecedence of governance in buyer-supplier alliances[J]. Industrial Marketing Management, 2019, 77(2): 75 - 89.

[66] ROCCA A L, CARUANA A, SNEHOTA I. Measuring customer attractiveness [J]. Industrial Marketing Management, 2012, 41(8):1241 - 1248.

[67] 杨靓.基于反向营销理念的我国制造企业与供应商协作体系的构建[J].北京工商大学学报(社会科学版),2006,25(1):60 - 64.

[68] MAKKONEN H, VUORI M, PURANEN M. Buyer attractiveness as a catalyst for buyer-supplier relationshipdevelopment [J]. Industrial Marketing Management,2016, 55(May):156 - 168.

[69] 李勃,和征,李随成.供应商参与绿色产品创新中的权力组合策略研究:基于资源动员视角[J].研究与发展管理,2020,32(4):84 - 96.

[70] 解学梅,朱琪玮.企业绿色创新实践如何破解“和谐共生”难题?[J].管理世界,2021,37(1):128 - 149+9.

[71] 李勃, 和征, 李随成. 供应商参与技术创新的效能提升机制研究:社会资本视角[J].科技进步与对策, 2018, 35(16): 22 - 28.

[72] STEENSTRA N, GELDERMAN C J, SCHIJNS J M C, et al. Supplier contribution to buyer innovativeness: the influence of customer attractiveness and strategic fit [J]. International Journal of Innovation Management, 2019, 24(2): 1 - 22.

[73] 李勃,陈明月,杨毅,等.基于供应商创新性开发的绿色产品创新绩效提升策略研究[J].科技进步与对策,2020,37(17):92-100.

[74] AZADEGAN A, DOOLEY K J. Supplier innovativeness, organizational learning styles and manufacturer performance: an empirical assessment[J]. Journal of Operations Management, 2010, 28(6):488-505.

[75] ZAHEER N, TRKMAN P. An information sharing theory perspective on willingness to share information in supply chains[J]. The International Journal of Logistics Management, 2017, 28(2): 417-443.

[76] ELLIS S C, HENKE J W, KULL T J. The effect of buyer behaviors on preferred customer status and access to supplier technological innovation: an empirical study of supplier perceptions [J]. Industrial Marketing Management, 2012, 41(8): 1259-1269.

[77] 康丽群,刘汉民.企业社会资本参与公司治理的机制与效能:理论分析与实证检验[J].南开管理评论,2015,18(4):72-81.

[78] CHAE S, YAN T, YANG Y. Supplier innovation value from a buyer-supplier structural equivalence view: evidence from the pace awards in the automotive industry[J]. Journal of Operations Management, 2020,66(7): 820-838.

[79] IM G, RAI A, LAMBERT L S. Governance and resource-sharing ambidexterity for generating relationship benefits in supply chain collaborations [J]. Decision Sciences, 2019, 50(4):656-693.

[80] ZHAO Y H, FENG T W, SHI H B. External involvement and green product innovation: the moderating role of environmental uncertainty[J]. Business Strategy and the Environment, 2018, 27(8): 1167-1180.

[81] WANG J R, XUE Y J, YANG J. Boundary-spanning search and firms' green innovation: the moderating role of resource orchestration capability [J]. Business Strategy and the Environment, 2020, 29(2): 361-374.

[82] CHENG C C J. Sustainability orientation, green supplier involvement, and green innovation performance: Evidence from diversifying green entrants [J]. Journal of Business Ethics, 2020, 161(2):393-414.

[83] UM K H, OH J Y. The interplay of governance mechanisms in supply chain collaboration and performance in buyer-supplier dyads: substitutes or complements [J]. International Journal of Operations & Production Management, 2020,40(4): 415-438.

[84] YAN T T, DOOLEY K. Buyer-supplier collaboration quality in new product development projects[J]. Journal of Supply Chain Management, 2014, 50

(2): 59 - 83.

[85] SHOU Y, SHAO J, LAI K H, et al. The impact of sustainability and operations orientations on sustainable supply management and the triple bottom line[J]. Journal of Cleaner Production, 2019, 240:1 - 13.

[86] 贾旭东,衡量. 扎根理论的“丛林”、过往与进路[J]. 科研管理, 2020, 41(5): 151 - 163.

[87] 李朋波,靳秀娟,罗文豪. 服务业员工工匠精神的结构维度探索与测量量表开发[J]. 管理学报,2021,18(1):69 - 78.

[88] 马辉,张文静,黄梦娇. 农村住宅清洁能源推广影响因素研究:基于天津市的调查信息[J]. 生态经济,2019,35(9):133 - 137.

[89] 王延荣,田康,许冉,等. 城镇居民水行为影响因素探索与实证分析:基于2017年北京市的调研数据[J]. 生态经济,2019,35(3):206 - 211.

[90] 李勃,和征,李随成. 供应商参与新产品开发中制造商可信的形成与影响:基于期望理论[J]. 研究与发展管理,2017,29(3):53 - 63.

[91] 李维安, 李勇建, 石丹. 供应链治理理论研究:概念、内涵与规范性分析框架[J]. 南开管理评论, 2016, 19(1):4 - 15.

[92] PULLES N J, SCHIELE H, VELDMAN J. The impact of customer attractiveness and supplier satisfaction on becoming a preferred customer [J]. Industrial Marketing Management, 2016,54:129 - 140.

[93] NAHAPIET J, GHOSHAL S. Social capital, intellectual capital, and the organizational advantage[J]. Academy of management review, 1998, 23 (2): 242 - 266.

[94] PRESTON D S, CHEN D Q, SWINK M, et al. Generating supplier benefits through buyer-enabled knowledge enrichment: a social capital perspective[J]. Decision Sciences, 2017, 48(2): 248 - 287.

[95] QIU T. Dependence concentration and fairness perceptions in asymmetric supplier-buyer relationships[J]. Journal of Marketing Management, 2018, 34(3 - 4) :395 - 419.

[96] YANG Y , WANG Y . Supplier selection for the adoption of green innovation in sustainable supply chain management practices: a case of the Chinese textile manufacturing industry[J]. Processes, 2020, 8(6):717 - 754.

[97] DELBUFALO E. The effects of suppliers' trust on manufacturers' innovation capability: an analysis of direct versus indirect relationships [J]. Production Planning & Control, 2017,28(14):1 - 12.

[98] 张旭梅,陈伟. 供应链企业间信任、关系承诺与合作绩效:基于知识交易视角的实证研究[J]. 科学学研究, 2011, (12):1865 - 1874.

[99] DU L, ZHANG Z, FENG T, et al. Linking green customer and supplier integration with green innovation performance: the role of internal integration[J]. Business Strategy and The Environment, 2018,27(8):1583 - 1595.

[100] ZOGRAFOS K G, TSANOS C . The effects of behavioural supply chain relationship antecedents on integration and performance[J]. Supply Chain Management: An International Journal, 2016, 21(6):678 - 693.

[101] JOKELA P , SODERMAN A. Re-examining the link between fairness and commitment in buyer-supplier relationships[J]. Journal of Purchasing and Supply Management, 2017, 23(4):268 - 279.

[102] 李玥.基于资源基础理论的组织间协同机理研究[J].西北工业大学学报(社会科学版),2017,37(4):23 - 26.

[103] SCHIELE H. Accessing supplier innovation by being their preferred customer[J]. Research-Technology Management, 2012, 55(1): 44 - 50.

[104] VRIES D J, SCHEPERS J J, WEELE V A, et al. When do they care to share? how manufacturers make contracted service partners share knowledge [J]. Industrial Marketing Management, 2014, 43(7): 1225 - 1235.

[105] SUMO R, VALK W V D , WEELE A V . Fostering incremental and radical innovation through performance-based contracting in buyer-supplier relationships [J]. International Journal of Operations & Production Management, 2016, 36(11): 1482 - 1503.

[106] ZOU W, BRAX S A, VUORI M, et al. The influences of contract structure, contracting process, and service complexity on supplier performance [J]. International Journal of Operations & Production Management, 2019, 39 (4): 525 - 549.

[107] EBERS M, SEMRAU T. What drives the allocation of specific investments between buyer and supplier[J]. Journal of Business Research, 2015, 68(2): 415 - 424.

[108] WANG L, YEUNG J H Y, ZHANG M . The impact of trust and contract on innovation performance: the moderating role of environmental uncertainty[J]. International Journal of Production Economics, 2011, 134 (1):114 - 122.

[109] 李随成，黄聿舟，裴旭东. 供应商参与新产品开发的治理机制前置因素研究[J]. 管理评论，2014(4):168 - 178.

[110] LUO Y . Contract, cooperation, and performance in international joint ventures[J]. Strategic Management Journal, 2002, 23(10):903 - 919.

[111] 王清晓. 契约与关系共同治理的供应链知识协同机制[J]. 科学学研究，

2016, 33(10):1532 - 1540.

[112] SONG H, LIU Y Q, DAI Y. R&D outsourcing contract for the unverified value of tacit knowledge sharing[J]. Journal of Industrial Engineering and Management, 2015, 8(5): 1349 - 1361.

[113] INKPEN A C,CURRALL S C. The coevolution of trust,control,and learning in joint ventures[J]. Organization Science,2004,15(5) : 586 - 599.

[114] JAP S D, GANESAN S. Control mechanisms and the relationship life cycle: Implications for safeguarding specific investments and developing commitment[J]. Journal of marketing research, 2000, 37(2): 227 - 245.

[115] LUO Y. Transactional characteristics, institutional environment and joint venture contracts[J]. Journal of International Business Studies, 2005, 36 (2):209 - 230.

[116] BAI X, SHENG S, LI J J. Contract governance and buyer-supplier conflict: the moderating role of institutions[J]. Journal of Operations Management, 2016, 41(1): 12 - 24.

[117] CHRISTIANSEN P E, MALTZ A. Becoming an "interesting" customer: procurement strategies for buyers without leverage[J]. International Journal of Logistics-research and Applications, 2002, 5(2): 177 - 195.

[118] MORTENSEN M H,FREYTAG P V,ARLBJORN J S. Attractiveness in supply chains: a process and matureness perspective[J]. International Journal of Physical Distribution & Logistics Management,2008(10):799 - 815.

[119] BENTON W C, MALONI M. The influence of power driven buyer-seller relationships on supply chain satisfaction[J]. Journal of Operations Management, 2005, 23(1): 1 - 22.

[120] HELM S, ROLFES L, GUENTER B. Suppliers' willingness to end unprofitable customer relationships: an exploratory investigation in the German mechanical engineering sector[J]. European Journal of Marketing, 2006,40(3 - 4):366 - 383.

[121] YAN T, KULL T J. Supplier opportunism in buyer-supplier new product development: a China-US study of antecedents, consequences, and cultural/institutional contexts[J]. Decision Sciences, 2015, 46(2): 403 - 445.

[122] PETRUZZELLI A M, DANGELICO R M, ROTOLO D. Organizational factors and technological features in the development of green innovations: evidence from patent analysis[J]. Social Science Electronic Publishing, 2011, 13(3):291 - 310.

[123] PENG D X, HEIM G R, MALLICK D N. Collaborative product

development: the effect of project complexity on the use of information technology tools and new product development practices[J]. Production and Operations Management, 2014, 23(8):1421 - 1438.

[124] TATIKONDA M V, MONTOYA-WEISS M M. Integrating operations and marketing perspectives of product innovation: The influence of organizational process factors and capabilities on development performance [J]. Management Science, 2001, 47(1): 151 - 172.

[125] MCCARTHY J D, ZALD M N. Resource mobilization and social movements: a partial theory[J]. American journal of sociology, 1977, 82 (6): 1212 - 1241.

[126] VILLANUEVA J, VAN DE VEN A H, SAPIENZA H J. Resource mobilization in entrepreneurial firms[J]. Journal of Business Venturing, 2012, 27(1): 19 - 30.

[127] THORNTON S C, HENNEBERG S C, LEISCHNIG A, et al. It's in the mix: how firms configure resource mobilization for new product success[J]. Journal of Product Innovation Management, 2019,36(4) :513 - 531.

[128] SCHIELE H, VELDMAN J, HÜTTINGER L. Supplierinnovativeness and supplier pricing: the role of preferred customer status [J]. International Journal of Innovation Management, 2011, 15(01): 1 - 27.

[129] CHEN L, ELLIS S C, SURESH N. A supplier development adoption framework using expectancy theory [J]. International Journal of Operations & Production Management, 2016, 36(5): 592 - 615.

[130] 霍宝锋,韩昭君,赵先德. 权力与关系承诺对供应商整合的影响[J]. 管理科学学报,2013,16(4):33 - 50.

[131] HUO B, QI Y, WANG Z et al. 2014. The impact of supply chain integration on firm performance [J]. Supply Chain Management: An International Journal, 19(4): 369 - 384.

[132] 李娜,李随成,崔贺珵. 供应商创新性的利用机制:企业网络化行为的作用[J]. 南开管理评论,2018,21(1):39 - 53.

[133] LAWSON B, KRAUSE D, POTTER A. Improving supplier new product development performance: the role of supplier development[J]. Journal of Product Innovation Management, 2015, 32(5):777 - 792.

[134] JOHNSEN T E. Supplier involvement in new product development and innovation: taking stock and looking to the future [J]. Journal of Purchasing & Supply Management, 2009, 15(3):187 - 197.

[135] 谷珊珊, 李随成, 李继博. 供应商开发行为分析及其实证研究[J]. 软科学,

2010, 24(1):97 - 104.

[136] KRAUSE D R, HANDFIELD R B, TYLER B B. The relationships between supplier development, commitment, social capital accumulation and performance improvement[J]. Journal of Operations Management, 2007, 25(2):528 - 545.

[137] HUMPHREYSP, CADDENT, LIWL, et al. An investigation into supplier development activities and their influence on performance in the Chinese electronics industry[J]. Production Planning & Control, 2011, 22(2): 137 - 156.

[138] WAGNER S M. Indirect and direct supplier development: performance implications of individual and combined effects[J]. IEEE Transactions on Engineering Management, 2010, 57(4):536 - 546.

[139] BLOME C, HOLLOS D, PAULRAJ A. Green procurement and green supplier development: antecedents and effects on supplier performance[J]. International Journal of Production Research, 2014, 52(1):32 - 49.

[140] FU X , ZHU Q , SARKIS J . Evaluating green supplier development programs at a telecommunications systems provider[J] . International Journal of Production Economics, 2012, 140(1):357 - 367.

[141] AĞAN Y, KUZEY C, ACAR M F, et al. The relationships between corporate social responsibility, environmental supplier development, and firm performance[J]. Journal of Cleaner Production, 2016, 112:1872 - 1881.

[142] MOSHTARI M. Inter-organizational fit, relationship management capability, and collaborative performance within a humanitarian Setting [J]. Production and Operations Management, 2016, 25(9): 1542 - 1557.

[143] WANG J J , LI J J , CHANG J . Product co-development in an emerging market: the role of buyer-supplier compatibility and institutional environment[J]. Journal of Operations Management, 2016, 46(5):69 - 83.

[144] RYOO S Y, KIM K K. The impact of knowledge complementarities on supply chain performance through knowledge exchange [J]. Expert Systems with Applications, 2015, 42(6):3029 - 3040.

[145] SHOU Y, CHRNW, DAI J. Inter-organizational fit and environmental innovation in supply chains[J]. International Journal of Operations & Production Management, 2018, 38(8): 1683 - 1704.

[146] 林筠，刘伟，李随成. 企业社会资本对技术创新能力影响的实证研究[J]. 科研管理，2011，32(1)：35 - 44.

[147] 刘婷，郭海. 渠道情境下企业间社会资本对知识获取的影响:基于权变视角

的研究[J]. 科学学研究，2013，31(1)：115－122.

[148] CAREY S，LAWSON B，KRAUSE D R. Social capital configuration，legal bonds and performance in buyer-supplier relationships [J]. Operations Research Management Science，2011，29(4)：277－288.

[149] 韦影. 企业社会资本与技术创新：基于吸收能力的实证研究[J]. 中国工业经济，2007 (9)：119－127.

[150] KANG B，JINDAL R P. Opportunism in buyer-seller relationships：some unexplored antecedents[J]. Journal of Business Research，2015，68(3)：735－742.

[151] WAGNER S M，KEMMERLING R. Handling nonresponse in logistics research[J]. Journal of Business Logistics，2010，31(2)：357－381.

[152] 李勃，李随成. 制造企业供应商整合对供应商创新性影响研究[J]. 科技进步与对策，2015，32(4)：77－84.

[153] KIM M，CHAI S. The impact of supplier innovativeness，information sharing and strategic sourcing on improving supply chain agility：global supply chain perspective [J]. International Journal of Production Economics，2017，187：42－52.

[154] POPPO L，ZHOU K Z. Managing contracts for fairness in buyer-supplier exchanges[J]. Strategic Management Journal，2015，35(10) ：1508－1527.

[155] TERPEND R，KRAUSE D. Competition or cooperation? Promoting supplier performance with incentives under varying conditions of dependence[J]. Journal of Supply Chain Management，2015，51(4) ：29－53.

[156] 李勃，和征，李随成. 制造商可信对供应商创新性的影响研究：基于纺织工业的证据[J]. 软科学，2018，32(5)：68－71.

[157] CHAE S，CHOI T Y，HUR D. Buyer power and supplier relationship commitment：a cognitive evaluation theory perspective [J]. Journal of Supply Chain Management，2017，53(2)：39－60.

[158] 张婧，朱苗，杜明飞. 组织间关系调节作用下顾客参与对 B2B 企业营销创新能力的影响[J]. 管理学报，2017，14(9)：1332－1339.

[159] 徐可，于渠川，陈卫东. 在孵企业创新驱动研究：网络权力与关系承诺视角[J]. 南开管理评论，2019(5) 22(5)：38－48.

[160] HUO B，TIAN M，TIAN Y，et al. The dilemma ofinter-organizational relationships：dependence，use of power and their impacts on opportunism [J]. International Journal of Operations & Production Management，2018，39(1) ：2－23.

[161] VILLENA V H，CRAIGHEAD C W. On the same page? How asymmetric

buyer-supplier relationships affect opportunism and performance[J]. Production and Operations Management, 2017, 26(3) :491 - 508.

[162] 荣泰生. AMOS 与研究方法[M]. 2 版. 重庆: 重庆大学出版社, 2010.

[163] LIN X. How does procedural justice climate influence individual outcomes? An affective perspective[J]. Asia Pacific Journal of Management, 2015, 32(3) : 771 - 800.

[164] SUMO R, VAN DER VALK W, VAN WEELE A, et al. Fostering incremental and radical innovation through performance-based contracting in buyer-supplier relationships[J]. International Journal of Operations & Production Management, 2016.

[165] CHOI J. Mitigating the challenges of partner knowledge diversity while enhancing research & development (R&D) alliance performance: the role of alliance governance mechanisms [J]. Journal of Product Innovation Management, 2020, 37(1): 26 - 47.

[166] ZHAO Y , FENG T , SHI H . External involvement and green product innovation: the moderating role of environmental uncertainty[J]. Business Strategy and the Environment, 2018, 27(8):1167 - 1180.

[167] 李勃,和征,李随成.供应商参与技术创新的效能提升机制研究:社会资本视角[J].科技进步与对策,2018,35(16):22 - 28.

[168] 温忠麟, 张雷, 侯杰泰,等. 中介效应检验程序及其应用[J]. 心理学报, 2004, 36(5):614 - 620.

[169] COHEN J, COHEN P C. Applied multiple regression/correlation analysis for the behavioral sciences [J]. Journal of the American Statistical Association, 1976, 139(368).

[170] HAYES A F. An index and test of linear moderated mediation [J]. Multivariate Behavioral Research, 2015, 50(1): 1 - 22.

[171] CHEN J, ZHAO X, LEWIS M, et al. A multi-method investigation of buyer power and supplier motivation to share knowledge[J]. Production & Operations Management, 2016, 25(3):417 - 431.

[172] ZHAO X, HUO B, FLYNN B B, et al. The impact of power and relationship commitment on the integration between manufacturers and customers in a supply chain[J]. Journal of Operations Management, 2008, 26(3):368 - 388.

[173] NYAGA G N, LYNCH D F, MARSHALL D, et al. Power asymmetry, adaptation and collaboration in dyadic relationships involving a powerful Partner[J]. Journal of Supply Chain Management, 2013, 49(3):42 - 65.

[174] 徐红梅，王华，张同建. 斯金纳强化理论在隐性知识转化中的激励价值阐释[J]. 情报理论与实践，2015，38(05):51－54＋29.

[175] FINKELSTEIN S R, FISHBACH A. Tell me what I did wrong: experts seek and respond to negative feedback[J]. Journal of Consumer Research, 2012, 35(35):22－38.

[176] HUO B, FLYNN B B, ZHAO X. Supply chain power configurations and their relationship with performance [J]. Journal of Supply Chain Management, 2017, 53(2): 88－111.

[177] BRITO R P, MIGUEL P L S. Power, governance, and value in collaboration: differences between buyer and supplier perspectives[J]. Journal of Supply Chain Management, 2017, 53(2):61－87.

[178] YOSHIHIRO I. Inter-organizational business development utilizing legitimacy for resource mobilization in large firms: successful and unsuccessful cases[J]. Industrial Marketing Management, 2018, (75):80－89.

[179] COHEN P, COHEN J, WEST S G, AIKEN L S. Applied multiple regression-correlation analysis for the behavioral sciences [M]. New Jersey: Lawrence Erlbaum Associates, 2003.

[180] 赵婉鹏，叶春明. 考察供应商具有双重行为偏好特征的供应链契约与协调[J]. 工业工程与管理，2018，23(1):23－29.

[181] RAJAGURU R, MATANDA M J. Effect of inter-organizational compatibility on supply chain capabilities: exploring the mediating role of inter-organizational information systems (IOIS) integration [J]. Industrial Marketing Management, 2013, 42(4): 620－632.

[182] SHOU Y, CHRN W, DAI J. Inter-organizational fit and environmental innovation in supply chains[J]. International Journal of Operations & Production Management, 2018,38(8):1683－1704.

[183] VOS F G S, SCHIELE H, HUTTINGER L. Supplier satisfaction: explanation and out-of-sample prediction [J]. Journal of Business Research, 2016,69(10):4613－4623.

[184] CLAUDY M C, PETERSON M, PAGELL M. The roles of sustainability orientation and market knowledge competence in new product development success[J]. Journal of Product Innovation Management, 2016,33:72－85.

[185] MOEEN M, AGARWAL R. Incubation of an industry: heterogeneous knowledge bases and modes of value capture[J]. Strategic Management Journal, 2017, 38(3):566－587.

[186] LILIANI, BENNY T, CAO D M. Advancing bioplastic packaging

products through co-Innovation: a conceptual framework for supplier-customer collaboration[J]. Journal of Cleaner Production,2020, 252(4):1-19.

[187] YAN T, RIBBINK D, PUN H. Incentivizing supplier participation in buyer innovation: experimental evidence of non-optimal contractual behaviors[J]. Journal of Operations Management, 2018, 57(1):36-53.

[188] 李靖华,毛丽娜,王节祥.技术知识整合、机会主义与复杂产品创新绩效[J].科学学研究,2020,38(11):2097-2112.

[189] ROXAS B, ASHILL N, CHADEE D. Effects of entrepreneurial and environmental sustainability orientations on firm performance: a study of small businesses in the philippines [J]. Journal of Small Business Management, 2016, 55:163-178.

[190] MARIADOSS B J, CHI T, TANSUHAJ P, et al. Influences of firm orientations on sustainable supply chain management [J]. Journal of Business Research,2016,69(9): 3406-3414.

[191] LIU C, KONG D M. Business strategy and sustainable development: evidence from China[J]. Business Strategy and the Environment,2020,30(1):657-670.

[192] DU S, YALCINKAYA G, BSTIELER L. Sustainability, social media driven open innovation, and new product development performance[J]. Journal of Product Innovation Management, 2016, 33:55-71.

[193] SUURMOND R, WYNSTRA F, DUL J. Unraveling the dimensions of supplier involvement and their effects on NPD performance: a meta-analysis[J]. Journal of Supply Chain Management, 2020, 56(3):26-46.

[194] WYNSTRA F, ANDERSON J C, NARUS J A, et al. Supplier development responsibility and NPD project outcomes: the roles of monetary quantification of differences and supporting-detail gathering [J]. Journal of Product Innovation Management, 2012,29(1):103-123.

[195] HOFMAN E, FAEMS D, SCHLEIMER S C. Governing collaborative new product development: toward a configurational perspective on the role of contracts[J]. Journal of Product Innovation Management, 2017,34(6): 739-756.

[196] 余海晴,俞兆渊.关系专用性投资、机会主义效应与治理机制:基于生命周期视角的适用性研究[J].经济管理,2019,41(5):38-54.

[197] JELLE D V, JEROEN S, ARJAN V W, et al. When do they care to share? How manufacturers make contracted service partners share knowledge[J]. Industrial Marketing Management, 2014,43(7):1225-1235.

[198] 邓程,杨建君,刘瑞佳.企业间控制机制、知识转移效果与新产品开发速度关系研究[J].科学学与科学技术管理,2020,41(11):83-97.

[199] CHENG C, SHIU E C. What makes social media-based supplier network involvement more effective for new product performance? the role of network structure[J]. Journal of Business Research, 2020, 118:299-310.

[200] 武梦超,李随成.知识积累与产品创新性:知识整合机制与动态知识能力的作用[J].科学学与科学技术管理,2019,40(6):37-53.

[201] 解学梅,王若怡,霍佳阁.政府财政激励下的绿色工艺创新与企业绩效:基于内容分析法的实证研究[J].管理评论,2020,32(5):109-124.

[202] 任胜钢,项秋莲,何朵军.自愿型环境规制会促进企业绿色创新吗?:以ISO14001标准为例[J].研究与发展管理,2018,30(6):1-11.

[203] LEE V H, OOI K B, CHONG Y L, et al. A structural analysis of greening the supplier, environmental performance and competitive advantage[J]. Production Planning & Control, 2015, 26(2):116-130.

[204] 李勃,王丛迪,和征.绿色产品协同创新中契约形式对供应商创新性的影响:供应商绿色创新资源优先配置的中介及产品复杂性与技术新颖性的调节[J].科技进步与对策,2021,38(19):100-109.

[205] HUO B, WANG Q, ZHAO X. What makes logistics integration more effective? governance from contractual and relational perspectives: governance on logistics integration[J]. Journal of Business Logistics, 2020,41(3):259-281.

[206] ZHANG M, ZENG W, YING K T, et al. Examining the antecedents and consequences of green product innovation[J]. Industrial Marketing Management, 2020,93:413-427.

[207] LIN L H, HO Y L. Ambidextrous governance and alliance performance under dynamic environments: an empirical investigation of Taiwanese technology alliances[J]. Technovation, 2021,103:102-240.

[208] DAIN M A L, MERMINOD V. A knowledge sharing framework for black, grey and white box supplier configurations in new product development[J]. Technovation,2014,34(11): 688-701.

[209] CHENG C C J. Sustainability orientation, green supplier involvement, and green innovation performance: evidence from diversifying green entrants[J]. Journal of Business Ethics,2020,161(2): 393-414.

[210] DAI J, CANTOR D E, MINTABON F L. How environmental management competitive pressure affects a focal firm's environmental innovation activities: a green supply chain perspective[J]. Journal of

Business Logistics,2015,36(3): 242-259.

[211] TJAHJONO B, LILIANI, CAO D. Advancing bioplastic packaging products through co-innovation: a conceptual framework for supplier-customer collaboration[J]. Journal of Cleaner Production, 2019, 252(4): 119-861.

[212] MELANDER, LISA. Customer and supplier collaboration in green product innovation: external and internal capabilities [J]. Business Strategy and the Environment,2018,27(6): 677-693.

[213] ZHANG J, ZHANG Y, DU M. The impact of relative governance on B2B firms' value appropriation from industrial buyer-seller relationships: empirical evidence from China [J]. Journal of Business & Industrial Marketing, 2020, 36(2):230-243.

[214] ZHANG Q, JIN J L, YANG D. How to enhance supplier performance in China: Interplay of contracts, relational governance and legal development [J]. International Journal of Operations & Production Management,2020, 40(6):777-808.

[215] UM K H, OH J Y. The interplay of governance mechanisms in supply chain collaboration and performance in buyer-supplier dyads: substitutes or complements[J]. International Journal of Operations & Production Management,2020, 40(4):415-438.

[216] 纪雪洪,陈志祥,孙道银.供应商参与、专用性投资与新产品开发绩效关系研究[J].管理评论,2015,27(3):96-104.

[217] CHEN Q, SEURING S, WAGNER R. A review of inter-firm relationship quality in supply chains[J]. Journal of Business & Industrial Marketing, 2020, ahead-of-print(ahead-of-print).

[218] 李维安,李勇建,石丹.供应链治理理论研究:概念、内涵与规范性分析框架[J].南开管理评论,2016,19(1):4-15.

[219] PULLES N J, LOOHUIS R. Managing buyer-supplier conflicts: the effect of buyer openness and directness on a supplier's willingness to adapt[J]. Journal of Supply Chain Management, 2020, 56(4):65-81.

[220] BARBOSA A P P L, SALERNO M S, BRASIL V C, et al. Coordination approaches to foster open innovation R&D projects performance[J]. Journal of Engineering and Technology Management, 2020, 58:101-603.

[221] SHOU Y, LI Y, PARK Y W, et al. The impact of product complexity and variety on supply chain integration[J]. International Journal of Physical Distribution & Logistics Management,2017,47(4): 297-317.

[222] HUANG, MING-CHANG, CHIU, et al. Relationship governance mechanisms and collaborative performance: a relational life-cycle perspective [J]. Journal of Purchasing and Supply Management,2017, 24(3):260-273.

[223] 李随成,栗玉忠,李娜. 供应商网络洞察的构念及实证研究[J]. 管理评论,2021,33(01):278-290.

[224] CHI R, ZHANG J, DENG G. How cooperative innovation could be more effective in China: a relationship perspective[J]. Journal of Business & Industrial Marketing, 2021, 36(8):1358-1370.

[225] KHAN I, EILERT M. The varying impact of buyer and supplier expected relationship-specific investments on relationship governance[J]. Journal of Business & Industrial Marketing, 2020, 36(6):905-916.

[226] 李随成,孟书魁,谷珊珊. 供应商参与新产品开发对制造企业技术创新能力的影响研究[J]. 研究与发展管理,2009,21(5):1-10.

[227] HARMANCIOGLU N, WUYTS S, OZTURAN P. Governance implications of modularity in sourcing relationships[J]. Journal of the Academy of Marketing Science, 2020:1-25.

[228] 蒋振宇,王宗军. 关系强度对企业创新意愿和创新能力的影响机理:基于企业内外部视角的分析[J]. 研究与发展管理,2020,32(3):123-135.

[229] LIU Y, LUO Y, LIU T. Governing buyer-supplier relationships through transactional and relational mechanisms: evidence from China[J]. Journal of Operations Management, 2009, 27: 294-309.

[230] ARRANZ N, ARROYABE J. Effect of formal contracts, relational norms and trust on performance of joint research and development projects[J]. British Journal of Management, 2012,23(4): 575-588.

[231] 张延涛. 供应商适应行为影响因素的作用机理研究[J]. 管理评论,2017,29(2):168-180.